ライブラリ 商法コア・テキスト ②

コア・テキスト

手形・小切手法

川村 正幸

LAW OF COMMERCIAL PAPER

新世社

はしがき

　本書は，手形法・小切手法の基本について理論面を重視しながら，できるだけ分かりやすく説くものである。手形法・小切手法の特色として，その強度の論理性と理論的一貫性をあげることができる。法律学を学ぶ人の中にもこの点に魅力を感じる人は多いであろう。しかし，反面，この点が手形法の理解を難しくしていることも事実である。

　そこで，本書の執筆にあたっては，第1に，主要な論点を中心に論じることにより，読者に手形法・小切手法の全体について基礎的理解を身に付けてもらうこと，第2に，主要な論点に関する理論的な対立点の論述をとおして，手形法学の一層深い理解に到達してもらうことを目的としている。

　なお，本書は，手形法学の中で大きな対立点となっている手形理論の面では，今日の学説上通説とされている権利外観理論に立っている。本書を読んで，より深い手形法の議論に興味を持たれた方は，私が同じ新世社から刊行している『手形・小切手法　第4版』を参照して頂ければ幸いである。

　本書は，著者がかつて公表した『基礎理論　手形小切手法』（法研出版）をベースにするものである。同書は，初版刊行以来長く，学部向けのテキストとして，また，司法試験等の受験勉強の教材として，幸いに多くの読者により利用されてきた。しかし，2015年に，出版元の法研出版が解散するという事態となり，その際に同書の出版権は私に戻されることとなったが，以後絶版状態になっていた。私にとっても愛着のある書であり，このことは大変残念なことであった。しかし，このたび幸いに，新世社のご厚意により，『ライブラリ　商法コア・テキスト』中の1書として再度刊行することが可能となったので，旧著を全面的にリニューアルして，平成29年の民法改正，手形法・小切手法改正などを取り入れ，また，読者の理解を助けるための図示を多く挿入するなど，より読みやすく理解しやすい書にするように努めて改めて刊行することになった。本書が旧著と同様に読者の期待に添うことができれば幸

いである。

　手形・小切手はその起源を12世紀中葉にまで遡ることができる人類の文化遺産ともいうべき洗練された仕組みである。手形・小切手は，かつては極めて大量に利用され，わが国経済の発展にも大きく寄与してきた。しかし，今日，有価証券のペーパーレス化の進展や電子記録債権制度の導入などが進む中で，かつてに比べてその利用量は大幅に減少し，次第に利用が減少していく状況で推移している。しかし，依然として経済社会の中で相当な利用量がある。本書が社会人や学生の皆さんの要望に応えることができ，実務や勉学の助けとなることができれば誠に幸いである。

　終わりに，本書の刊行にあたって，大きなご助力を頂いた新世社編集部の御園生晴彦氏，谷口雅彦氏に心より感謝の意を表したい。

　2018年7月

川村　正幸

目　次

第1章　手形・小切手制度の意義　　1

- Ⅰ　手形・小切手の利用　(1)
- Ⅱ　手形・小切手の法的意義　(2)
- Ⅲ　有価証券としての手形・小切手　(4)
  - 1　有価証券　(4)／2　有価証券としての手形・小切手の特色　(6)
- Ⅳ　手形・小切手と銀行取引の結び付き　(6)
  - 1　当座勘定取引　(6)／2　預金通貨機構　(7)／3　信用純化の制度　(8)
- Ⅴ　手形・小切手の振出しから支払いまで　(9)
  - 1　手形・小切手の振出し　(9)／2　手形・小切手の取立て　(9)／3　銀行による支払いと免責　(10)
- Ⅵ　手形・小切手の経済的機能　(11)
  - 1　支払いの手段　(11)／2　信用利用の手段　(12)／3　遠隔地間の送金・取立ての手段　(13)
- Ⅶ　手形法・小切手法の特色　(14)
  - 1　現行の手形法・小切手法　(14)／2　手形法・小切手法の基本理念　(15)／3　手形法・小切手法の特質　(16)

第2章　手形・小切手と実質関係　　17

- Ⅰ　原因関係　(17)
- Ⅱ　手形関係と原因関係との関係——手形の無因性　(18)
  - 1　総説　(18)／2　無因性　(18)／3　有因性　(20)／4　わが国における無因性　(20)／5　無因性の4つの用法　(21)
- Ⅲ　原因関係が手形・小切手関係に及ぼす影響　(22)
  - 1　原因関係に基づく抗弁の対抗　(22)／2　利得償還請求権の成立　(22)
- Ⅳ　手形・小切手関係が原因関係に及ぼす影響　(23)
- Ⅴ　手形債権と原因債権の行使の順序　(24)
- Ⅵ　手形・小切手の資金関係　(25)
  - 1　資金関係　(25)／2　手形・小切手関係と資金関係　(26)／3　準資

金関係 (26)

第3章　手形行為　27

Ⅰ　総　説 (27)
　　1　手形行為の概念 (27) ／ 2　手形行為の特色 (27) ／ 3　手形行為の解釈 (29)
Ⅱ　手形行為の成立 (30)
　　1　手形行為の方式 (30) ／ 2　手形の交付——手形理論 (32)
Ⅲ　手形行為と民法の意思表示に関する規定 (40)
　　1　総説 (40) ／ 2　手形上の意思表示に関する意思の欠缺または瑕疵 (40)
Ⅳ　手形行為の代理 (42)
　　1　代理方式 (42) ／ 2　代理・代表権限の濫用 (44) ／ 3　手形行為の無権代理 (45) ／ 4　手形行為の表見代理・表見代表 (47)
Ⅴ　手形行為と商号使用の許諾 (49)
　　1　商号の貸与 (49) ／ 2　名板貸人の責任 (49)
Ⅵ　手形の偽造 (50)
　　1　偽造の意義 (50) ／ 2　被偽造者の責任 (51) ／ 3　機関方式の偽造 (51) ／ 4　偽造者の責任 (53)
Ⅶ　手形の変造 (55)
　　1　変造の意義 (55) ／ 2　変造の効果 (55) ／ 3　変造前署名者の現文言に従った責任 (56) ／ 4　変造者の責任 (57)

第4章　約束手形の振出し　58

Ⅰ　約束手形の記載事項 (58)
　　1　手形・小切手要件 (58) ／ 2　約束手形の必要的記載事項 (59) ／ 3　任意的記載事項 (64) ／ 4　有害的記載事項 (67)
Ⅱ　白地手形 (67)
　　1　総論 (67) ／ 2　白地手形の成立要件 (70) ／ 3　白地手形の本質 (73) ／ 4　白地手形の流通 (74) ／ 5　白地手形にかかる権利の行使 (76) ／ 6　白地補充権の行使 (80)

第5章　約束手形の流通　83

Ⅰ　裏　書 (83)
　　1　裏書の意義 (83) ／ 2　裏書の方式 (85) ／ 3　裏書の効力 (86)

Ⅱ　特殊の裏書　(90)
　　　1　戻裏書　(91)／2　期限後裏書　(92)／3　取立委任裏書　(92)／
　　　4　隠れた取立委任裏書　(93)／5　質入裏書　(95)
　Ⅲ　手形の善意取得　(96)
　　　1　手形上の権利の取得　(96)／2　手形の善意取得　(97)

第6章　手形抗弁の制限　　　　　　　　　　　　　　　　105

　Ⅰ　手形抗弁とその制限　(105)
　Ⅱ　人的抗弁制限の法的根拠　(106)
　Ⅲ　悪意の抗弁　(107)
　　　1　手形法17条の適用要件　(107)／2　悪意の抗弁の意義　(108)／3
　　　「債務者ヲ害スルコトヲ知リテ」の意味　(108)
　Ⅳ　人的抗弁と物的抗弁　(113)
　　　1　総説　(113)／2　物的抗弁　(113)／3　人的抗弁　(114)
　Ⅴ　善意の中間者の介在と人的抗弁の対抗　(120)
　Ⅵ　人的抗弁と戻裏書　(121)
　　　1　戻裏書による再取得と人的抗弁の再対抗　(121)／2　再対抗の理論的
　　　根拠——人的抗弁の属人性　(122)／3　戻裏書と同視された事例　(123)
　Ⅶ　後者の抗弁——人的抗弁の個別性　(124)
　　　1　後者の抗弁の意義　(124)／2　手形上の権利の帰属　(125)／3　人
　　　的抗弁の個別性——後者の抗弁の援用　(126)／4　支払拒絶の根拠　(126)
　　　／5　手形保証と抗弁　(127)
　Ⅷ　二重無権の抗弁　(128)
　　　1　二重無権の抗弁の意義　(128)／2　支払拒絶の根拠　(129)

第7章　約束手形の取立てと支払い　　　　　　　　　　　　131

　Ⅰ　取立て　(131)
　　　1　緒論　(131)／2　支払呈示　(132)／3　手形交換と不渡り　(132)
　　　／4　手形訴訟　(134)
　Ⅱ　支払い　(135)
　　　1　緒論　(135)／2　満期における支払い　(136)／3　満期前の支払い
　　　(138)／4　支払いの猶予　(139)
　Ⅲ　遡求（償還請求）　(139)
　　　1　手形の不渡りと遡求　(139)／2　遡求の要件　(140)／3　満期前の
　　　遡求　(141)

Ⅳ 手形上の権利の消滅 (141)
　　1 消滅時効 (141)／2 時効の完成猶予および更新 (142)／3 除権決定 (144)
Ⅴ 利得償還請求権 (145)
　　1 概念 (145)／2 要件 (146)／3 消滅時効期間 (149)
Ⅵ 約束手形の保証 (149)
　　1 手形保証 (149)／2 隠れた手形保証 (150)

第8章　為替手形　151

Ⅰ 為替手形の特色 (151)
　　1 緒論 (151)／2 約束手形との相違点 (151)／3 為替手形の基本的記載事項 (153)
Ⅱ 為替手形の振出し (154)
　　1 振出しの法的性質 (154)／2 為替手形振出しの効力 (155)
Ⅲ 引受け (155)
　　1 引受けの概念 (155)／2 引受けの成立 (156)

第9章　小切手　158

Ⅰ 小切手の特色 (158)
　　1 小切手の概念 (158)／2 小切手と手形の異同 (159)／3 先日付小切手 (160)
Ⅱ 小切手の振出し (161)
　　1 小切手の基本的記載事項 (161)／2 小切手振出しの法的性質 (161)／3 小切手の振出しの効力 (162)
Ⅲ 小切手の流通と決済 (162)
　　1 小切手の流通 (162)／2 小切手の支払い (162)／3 支払保証 (165)／4 小切手の時効 (165)／5 利得償還請求権 (166)
Ⅳ 支払委託の取消し (167)
　　1 支払委託の取消しの意義 (167)／2 支払委託の取消しの法的性質 (169)
Ⅴ 線引小切手 (170)
　　1 意義 (170)／2 線引の法的性質 (170)／3 制限違反の責任 (171)／4 線引の効力 (171)

索　引
　事項索引（173）
　判例索引（176）

凡　例

(1) 法　令　名

会　社	会社法	民	民法
小	小切手法	民　訴	民事訴訟法
手	手形法	民訴規	民事訴訟規則
非　訟	非訟事件手続法		

(2) 判　例

大　判	大審院判決	高　判	高等裁判所判決
最大判	最高裁判所大法廷判決	地　判	地方裁判所判決
最　判	最高裁判所判決		

(3) 判　例　集

民　録	大審院民事判決録
民　集	最高裁判所（大審院）民事判例集
裁判集民	最高裁判所裁判集民事編
高民集	高等裁判所民事判例集
下民集	下級裁判所民事判例集
判　時	判例時報
判　タ	判例タイムズ
金　判	金融・商事判例
金　法	金融法務事情
新　聞	法律新聞
評　論	法律評論

参考資料

約束手形用紙（表）と記載例

約束手形用紙（裏）と裏書例

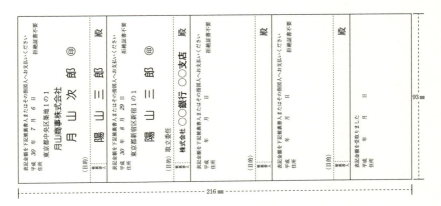

為替手形用紙(表)と記載例

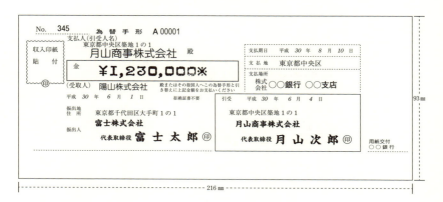

小切手用紙(表)と記載例(裏は白地)

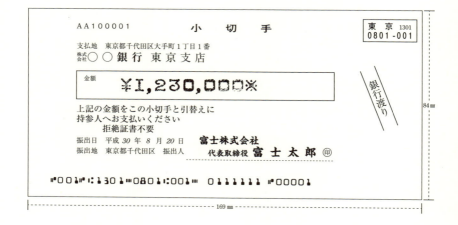

■第 1 章■
手形・小切手制度の意義

I 手形・小切手の利用

　手形・小切手は，経済活動の中で長く支払決済の手段として不可欠な役割を果たしてきた。近時は，企業間に種々の新しい資金決済の方法が普及してきたため，手形・小切手の利用は，かつてほど大きな意味をもたなくなってきた。しかし，手形・小切手の利用は依然として多い。(2017 年では，全国一日平均 1 兆 5148 億円，22 万 4000 枚の手形が交換されている。また，全国銀行協会が 2017 年に行った企業向けアンケートでは，全国 858 社の企業のうち約半数で手形・小切手が利用されていた。)

　手形・小切手の実際における利用はどのようなものだろうか。詳細は本章 VI でみることになるが，ここでは，手形・小切手が企業間で支払決済のために利用される場合をみてみよう（図-1 参照）。たとえば，A 商店が B 会社から商品を仕入れたとする。そして，A 商店が B 会社に直ちに支払いをしようとする場合には小切手を利用する。支払いに備えて日常的に多額の現金を用意しておくのは不便だし，また，危険でもある。そこで，小切手を利用することにより，A 商店はそれを回避することができる。そして，小切手を受け取った B 会社は，小切手を直ちに自分の取引銀行の預金口座に入金することにより，または，直接支払銀行に持参して支払いを求めることにより，現金化することができる。

これに対して，A商店が商品代金を直ちに支払うことが困難な場合には，仕入れた商品の大部分が売れてその代金を入手できる3カ月先に実際に支払いをすることにすれば都合がよい。そこでこれを可能にするために，約束手形を利用する。手形を振り出した日から支払期日（満期日）までの期間を手形サイトというが，A商店は約束手形を振出すことにより，実質的に支払期日までの3カ月間B会社に支払いを待ってもらうことが可能になる。A商店はB会社から掛買いし，B会社から信用（商業信用）を与えられるという関係になる。手形を受け取ったB会社の側では，①この手形を支払期日までの3カ月間そのまま保有し，支払期日に手形金額を取り立てることもできるし，②この手形を他者に対する自分の支払いにあてることもできるし，③この手形を銀行に割り引いてもらい，直ちに手形金額相当額を入手することもできる。いずれの道を選ぶことも可能だが，最も多いのは③を選ぶことである。

Ⅱ　手形・小切手の法的意義

手形には約束手形と為替手形とがある。しかし，わが国で国内取引に用いられる手形のほとんどは約束手形である。為替手形の利用はきわめて例外的である。そこで本書では，手形法の条文の配列とは異なるが，他書と同様に約束手形を中心に論じる。

約束手形は，振出人が受取人または所持人に対して一定金額の支払いを約束する旨の文言を記載した証券であり，その法的な本質は支払約束にある。法的構造の上では（図-2参照），振出人と受取人（所持人）の二当事者の関係が基本となる。

これに対して，為替手形は，振出人が支払人に宛てて，受取人または所持人に対して一定金額を支払うように委託する旨の文言を記載した証券である。小切手は，為替手形と類似しており，振出人が支払人である銀行に宛てて，所持人に対して一定金額を支払うように委託する旨の文言を記載した証券である。これらの法的な本質はいずれも支払委託にある。法的構造の上では，為替手形は，振出人と受取人（所持人）に支払人（引受人）を加えた三当事者の

図-2

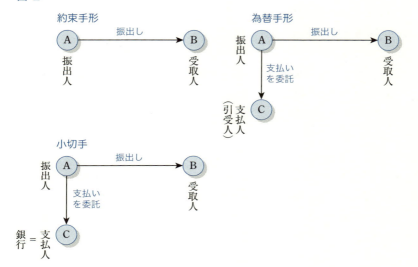

関係が基本となる。小切手も同様に，振出人，受取人（所持人）および支払人（銀行）の三当事者関係である。

　約束手形が振り出されると，それにより，手形証券の上に一定金額の金銭債権（手形債権）が表章されて，振出人は受取人または手形所持人に対して手形債務を負うことになる。振出人は最終的な絶対的な支払義務を負い，主たる手形債務者と呼ばれる。他に，手形に裏書をするという方式により手形債権を譲渡する裏書人も，手形証券の上になす手形に関する行為（このような行為を手形行為という）をすることにより，手形債務を負うという関係が生じる。これらの者は従たる手形債務者と呼ばれる。従たる手形債務者は，自分が支払いをするときには，最終的には主たる手形債務者に対して請求できる。

　為替手形にあっては，振出しに先立ってあらかじめ支払人が引受けという手形行為をしていない限り，振出人による振出しの時点で主たる手形債務者は存在していない。それは，支払人の引受けを条件とする金銭債権および引受拒絶・支払拒絶の場合における振出人に対する遡求権という択一的関係にある金銭債権を表章しているといえる。支払人が引き受けると主たる手形債務

者である引受人になる。振出人および裏書人は従たる手形債務者に該当する。

小切手には支払人による引受けという制度がない。したがって，主たる小切手債務者という概念は存在しないのである。小切手は，振出しにより，支払人によって支払われるとの期待利益を受ける資格および支払拒絶の場合の振出人に対する遡求権という二者択一的関係にある資格または権利を表章する。

振り出された手形には，以後，その上に裏書，引受け，保証といった各種の手形行為がなされることになり，各々の手形行為者は自己の行為により新たな手形債務を負担する。そして，すべての手形債務者に対する権利またはそれに代わるべき権利を一括して，「手形上の権利」という概念が用いられている。手形上の権利は手形証券（手形）の上に表章され，裏書や交付による手形の移転とともに転々と流通する。手形上の権利は，手形証券それ自体についての権利を意味する「手形に関する権利」という概念とは区別される必要がある。通常の関係では，手形上の権利だけを問題にすればよい。

Ⅲ 有価証券としての手形・小切手

1 有価証券

手形・小切手は代表的な有価証券である。手形・小切手は有価証券としての属性をすべて備えた完全な有価証券である。有価証券には他に，株券，社債券，新株予約権証券，倉荷証券，船荷証券などがある。

民法には，有価証券にかかる520条の2以下の規定が置かれているが，手形法・小切手法は民法に対して特別法の関係にあるとともに，網羅的な規定を置いているため，民法の有価証券に関する規定ではなく，一部を除いてもっぱら手形法・小切手法の規定が優先的に適用される。

有価証券は，財産的価値ある私権を表章する証券である。すなわち，有価証券は，その上に権利を化体する。権利は証券上に表章されて，債権者・債務者という当事者の関係に止まる権利が有体物と同じようにとらえられことになり，証券に関して適用される物権法規範に従って譲渡され移転される。

有価証券という概念はドイツにおいて生み出された。有価証券をどのように定義するかに関して古くから争われてきた。わが国の現在の通説は，有価証券は，財産的価値ある私権を表章する証券であって，「権利の移転または行使に証券を必要とするもの」と定義している。これに対して，わが国の有価証券法理に強い影響を与えてきたドイツの通説は，有価証券とは，その中に私権が，「権利行使にあたり証券の所持が必要であるという形で」表章されている証券であると定義する。この定義は，権利の行使における証券の呈示に重点をおいており，わが国の通説が権利の移転における権利と証券の結合関係をも定義中に取り込んでいるのと異なる。

　わが国とドイツの通説とが違っている主要な理由は，わが国の通説が株券を有価証券に含めようとすることにあった。わが国の株券は無記名証券といってよいものであり（会社216条参照），株式の譲渡は株券の引渡しによって行われ（会社128条1項），株券の占有者は適法な所持人として推定される（会社131条1項）。そして，株式の移転は株主名簿の書換えがなければ会社に対して対抗できない（会社130条1項）。いったん株主名簿上に株主として記載されれば，株主は株主総会での議決権の行使や配当金を受領するなどの権利行使のために，その都度株券を呈示する必要はなく，株主総会の招集通知等は会社から株主名簿上の株主に対して個別に送付される（会社299条1項・202条4項）。したがって，会社に対する関係では，株主は株式の譲渡に伴う名義書換にあたって株券を必要とするのみであり，株主は権利行使のためには，株券を一時的にかつ間接的にのみ必要とするだけに止まる。そこで，わが国の通説は，有価証券の定義中に権利の移転についての権利と証券の結合関係を取り込んでいるのである。しかし，商法から独立する前と異なり，会社法においては，株券を発行しないことが原則とされており（会社214条），例外的に株券を発行する株券発行会社（会社117条7項）はその旨を定款に定めておく必要がある。このような株券制度にかかわる大きな変化を前提として考えれば，有価証券の定義において株券に重きをおく必要はなく，有価証券は，その中に私権が，権利の行使にあたって証券の所持が必要であるという形で表章されている証券である，と解するのが適当である。

□2　有価証券としての手形・小切手の特色

　手形・小切手は，証券と権利との結合関係が最高度に達成されているものであり，この意味で，有価証券の中でも最も完全な有価証券であるとされている。完全な有価証券ということは，権利の発生，行使，移転，消滅のいずれについても証券と結び付けられているという意味である。

　手形・小切手の有価証券としての特色をみると，①それは金銭債権を表章する債権的有価証券であり，②一定の法定の要件を充たさなければならず（厳格な要式証券性），③証券の作成自体によってはじめて権利が発生し（設権証券性），④債務者に対する有効な請求のためには手形・小切手の呈示を必要とし（呈示証券性），⑤債務者は証券と引換えでなければ支払いを拒むことができる（受戻証券性）。そして，⑥その権利内容は，もっぱら証券の文言によって，すなわち，手形・小切手上への記載によって決まり（文言証券性），⑦手形・小切手行為の原因関係の不存在，無効，取消しは，手形・小切手関係，すなわち，手形・小切手上の権利の有効性に影響を及ぼさない（無因証券性），といった特色を有している。このうち手形の無因性は，手形法を理解するうえで大変重要な概念であって，次章で詳論する。

Ⅳ　手形・小切手と銀行取引の結び付き

□1　当座勘定取引

　わが国における手形・小切手の利用は，銀行取引と密接な形で結び付いている。しかし，手形法の規定の上では，この点は明確ではない。手形を振り出すにあたって，特定の銀行の店舗において支払われる予定であること，すなわち，銀行を支払担当者とすることが必要であるとはされていない。

　また，小切手法上では，支払いをなすべき者（支払人）は原則として銀行でなければならないとされているが，そうでない小切手もそれ自体は無効ではない（小3条・71条参照）。しかし，実際には，手形用紙上には，約束手形の

振出人が取引をする銀行の店舗，または為替手形の引受人が取引をする銀行の店舗が支払担当者（法の上では支払場所という）として記載されている。小切手では振出人が取引をする銀行の店舗が支払人とされている。その結果，法的に有効かという問題を別にすれば，仮に銀行が支払担当者，支払人となっていない手形・小切手を振り出したとしても，このような手形・小切手を受け取る人はおらず，その経済的価値は零に等しい。したがって，手形・小切手を振り出そうとする者は，自分の取引銀行に手形・小切手を振り出すための口座，すなわち，当座預金口座を開設する必要がある。

　当座預金口座の開設に際して，顧客と銀行との間に当座勘定規定を契約内容とする当座勘定取引契約が締結される。一般に，当座勘定取引契約中には，2つの契約が含まれていると解されている。すなわち，①顧客が債務を負担した手形・小切手について当該当座預金口座から支払いをする旨の支払事務の処理を目的とする準委任契約である小切手契約と，②その支払資金である当座預金の預け入れに関する消費寄託契約ないしその予約である。手形の支払担当者であるとともに小切手の支払人となる取引銀行（これを支払銀行という）は，小切手契約に基づいて，顧客の振り出した，または引き受けた手形・小切手に対して，顧客の当座預金を支払資金として支払いをすることになる。この支払資金が不足する場合が手形・小切手の不渡りである。

　この小切手契約により，支払銀行に対して継続的かつ包括的に手形・小切手の支払事務が委託され，支払銀行は手形・小切手の支払いの効果を顧客の負担に帰することができる。個々の手形・小切手の振出し，引受けは，小切手契約に対応した銀行に対する個別具体的な支払いの命令（支払いの指図）の意味をもつ。

□2　預金通貨機構

　資本主義経済の発展にとって預金通貨機構の拡大は重要な要素である。わが国では，この預金通貨機構は手形・小切手の利用を通して機能してきた。ある者が当座預金口座を設けている取引銀行を支払担当者（支払銀行）として約束手形を振り出した場合に，手形を受け取った所持人はその手形を自分の

取引銀行（これを取立銀行という）の当座預金口座に預け入れて，銀行に手形の取立を委任する。取立銀行はこの手形金額を手形等の交換決済の役割を担っている手形交換所を通して支払銀行から取り立て，支払銀行は振出人の当座預金口座から上記金額を引き落とす。次いで，今度は，増加した当座預金を支払資金として所持人自らが手形・小切手を振り出すことができる。

他方，取立銀行と支払銀行との間の手形金決済は，手形交換所を通して行われるが，それは現金通貨の授受によって行われるのではなく，両銀行が日本銀行の本支店に有している口座の上での振替によって行われる。

以上にみたすべてのプロセスにおいて，現金通貨が授受されることはまったくない。これにより現金通貨の発行量を上回る経済活動が可能になるわけである。これが預金通貨機構である。

□3 信用純化の制度

預金通貨機構の維持・強化のために，銀行機構は，手形・小切手の信用力の強化の目的でいくつかの制度を採用している。

その1は，統一手形用紙および統一小切手用紙の制度である。銀行が印刷して顧客に交付した手形・小切手用紙を用いていない手形・小切手も，法的な面では完全に効力を有している。しかし，このような手形・小切手は，経済的な面ではまったく価値を有していない。統一手形用紙，統一小切手用紙を用いていなければ，たとえ銀行等の金融機関を支払場所，支払人としていても，この手形・小切手は，銀行，手形交換所を通して支払いを受けられない（当座勘定規定8条参照）。

その2は，手形交換制度である。手形交換制度は，手形・小切手の簡易かつ円滑な取立てを可能にすること，および，信用取引の秩序維持を図ることを目的とする制度である。手形が支払いを受けられないという事態が手形の不渡りであるが，手形交換所規則では不渡手形に対する処分を定めている。不渡手形を出した者は，社会的信用を失うとともに，銀行との当座取引，貸付取引ができなくなるため，以後その者の事業は継続困難となる。

Ⅴ 手形・小切手の振出しから支払いまで

□1 手形・小切手の振出し

　銀行に当座預金口座を開設している者が，手形・小切手を振り出そうとする場合には，まず，銀行から交付されている手形用紙，小切手用紙を使用して，全国銀行協会の定めている約束手形用法，小切手用法の記載方法に従って，巻頭〈参考資料〉に掲げた記載例のように，用紙上の空欄に記入をして，次いで，振出人が自己の署名または記名捺印をして振り出すことが必要である。さらに，手形には手形金額に応じた所定の金額の収入印紙を貼付しなければならない。ただし，印紙の貼付を怠った場合にも，手形自体が無効になるのではなく，単に振出人等が印紙税法違反の責任を問われるにとどまる。なお，小切手には，それが支払手段のためのものであることから印紙を貼付する必要はない。

□2 手形・小切手の取立て

　手形・小切手の受取人，所持人は，通常，それを自己の取引銀行（取立銀行）の普通預金口座や当座預金口座へ入金して，銀行にその取立てを委任することになる。今日の銀行実務では，手形を支払銀行の該当支店の窓口に持参して支払いを求めても，現金で支払いを受けることはできない。なお，小切手については，支払銀行の店頭での現金払い（店頭現払い）を受けることは可能である。そして，銀行支店の預金口座に受け入れられた手形・小切手の支払場所（支払銀行）が当該の店舗である場合には，決済の確認が済めば受入日のうちに現金で払戻しを受けることができる。これ以外の場合には，受け入れられた手形・小切手の支払場所が同一銀行の他店舗であるときは行内の交換手続によることになる。支払場所が他の金融機関である場合には，手形交換所を通して支払銀行から手形金を取り立てることになる。受け入れられた手形・小切手は，その決済が確認された後でないと，支払資金にあてたり，

払戻しを受けることはできない（当座勘定規定2条1項，総合口座取引規定4条1項）。支払銀行が他の金融機関である場合には，それは交換決済日以後になる。

□3　銀行による支払いと免責

　支払銀行のなした支払いが，手形法・小切手法上で有効な支払いである場合には，その支払いによって，主たる手形債務者または小切手振出人である銀行の顧客は責を免れる。それと同時に，原則的に，支払銀行も当座勘定取引契約上で顧客に対して負う委任契約上の債務を免れる。しかし，支払銀行が当座勘定取引契約上で顧客との関係で免責されるという問題と，銀行の支払いによって顧客が手形法・小切手法上で免責されるという問題とは必ずしも結び付かない。手形法上では無効な支払いにあたり，振出人が責めを免れない場合にも，支払銀行が顧客である振出人との関係で免責されることはありうる。

　当座勘定取引契約（小切手契約）が委任法理に服することから，受任者である支払銀行は，「善良な管理者の注意」をもって委任事務を処理すべき義務を負う（民644条）。銀行が負う注意義務が及ぶ程度を明らかにするのが当座勘定規定16条1項である。これは，手形・小切手上の印影または署名を届出の印鑑（または署名鑑）と相当の注意をもって照合し，相違なしと認めて取り扱うときは，その手形・小切手に偽造，変造等の事故があっても，それによる損害について銀行は責を負わない旨を規定する。この規定によれば，注意義務の中核をなすのは印鑑照合である。これにつき銀行が尽くすべき注意義務の程度に関して，判例は，「印鑑照合は，通常，肉眼による平面照合の方法をもってすれば足りるが，社会通念上一般に期待される業務上相当の注意をもって慎重に行うことを要し，かかる事務に習熟している銀行員が右のごとき相当の注意を払って熟視するならば肉眼をもっても発見し得るような印影の相違が看過されたときは，銀行に過失の責任がある」とする（最判昭46・6・10民集25巻4号492頁）。

　古くは，銀行員は，もっぱら紙面上の届出印鑑と手形・小切手の印影とを肉眼により照合していたが，現在は，コンピューター・システムに登録され

た届出印鑑と印影とを機械により，または肉眼により照合することが増えている。この場合にも，基本的に上記判例の見解が適用されると考える。

　当座勘定規定16条1項は，銀行の負う注意義務を印鑑照合に限定する趣旨ではなく，この規定は主要な注意点を例示的に示すものと解されている。一般的に銀行は手形・小切手の支払いにあたって，①手形要件・小切手要件が充たされているか，②手形・小切手用紙は銀行交付のものか，③手形・小切手番号に重複がないか，④手形・小切手の印影（署名）が届出印鑑（署名鑑）と相違しないか，⑤金額の記載に改ざんや異状がないか，⑥盗難届または紛失届が提出されていないか，などの点に相当の注意を払う必要がある。仮に，約束手形の所持人が無権利であることを振出人が知りながら，これを支払銀行に通報せず，支払銀行が善意で無権利の手形所持人に対して支払ってしまった場合には，この銀行は振出人との関係では免責されるが，振出人は真の権利者に対して手形法上免責されないことになる。

　なお，手形法に関する書物は，煩雑さを避けるため，しばしば上述のような手形・小切手利用の実際を考慮に入れない形で，たとえば，振出人Aが受取人Bに約束手形を振出し，満期にBがAに請求してAが支払ったというように論じている。本書の以下の叙述も例外ではない。読者は，このような叙述においても，実際には，統一手形用紙が利用され，手形用法に依拠した記載がなされ，支払担当者として支払銀行が記載されており，手形所持人は支払期日前に取立銀行に取立てを依頼し，手形交換を通して支払銀行に対し請求が行われ，支払銀行により支払いがなされた，といった関係を思い描いてほしい。

VI　手形・小切手の経済的機能

□1　支払いの手段

　手形・小切手は現金通貨に代えて支払代金の決済手段として利用される。手形・小切手を用いて行う支払いによって，現金通貨の受渡しに伴う煩雑さ

や危険を回避することができる。この現金通貨に代わり，それを節約するという役割は，振出交付された手形・小切手を，新たな売買取引の代金支払いのために，受取人が再度利用することにより，より一層大きな意義を与えられる。小切手の経済的機能はもっぱらこの支払手段である点にある。

　これに対して，手形には小切手と異なって，支払いをなすべき日である満期日の記載がある。この支払期日の日まで現実の支払いが延期される意味を有するため，手形は，支払決済機能に加えて，代金の延べ払いのための機能を有する。企業間で商品の掛売り，掛買いという形で，企業相互の間で信用を与え合うこと，すなわち，商業信用（企業間信用）の利用を媒介する機能を有するわけである。

□2　信用利用の手段

　手形は銀行取引の領域で，貸付取引（与信取引）において重要な機能を果たしてきた。近代的な銀行制度の発展の中で，手形割引がきわめて重要な役割を演じてきたことからもうかがえるが，手形・小切手が銀行制度の中で担ってきた機能はきわめて重要なものであった。貸付取引の類型の一つとして，手形を利用する手形割引と手形貸付とがあげられるが，今日，わが国の銀行において，証書貸付および当座貸越が貸付取引の大部分を占め，手形割引および手形貸付の比重は大幅に低下している。

　(1) 手形貸付　貸付にあたり借用証書をとるのが証書貸付であるが，借主に約束手形を振り出させるのが手形貸付である。一般に，証書貸付は長期の貸付に用いられ，手形貸付は短期の貸付に用いられる。手形貸付にあたっては，借主が振り出した約束手形を貸主（銀行）に交付するだけで，それ以外に貸付証書を用いないのが一般的だが，手形とともに証書を用いる場合もある。

　(2) 手形割引　商取引の代金決済のために振り出された手形を受け取った者は，満期日（支払期日）まで手形をそのまま保持して手形債務者に請求する代わりに，満期日以前に銀行等の金融機関に手形を裏書して譲渡し，現金化することができる。その際に，銀行は手形金額から満期日までの利息

およひ費用を差し引いた金額を手形と引換えに交付するので，これを手形割引という。銀行による手形の割引により，商業信用は銀行信用に置き換えられるわけである。なお，商取引にかかわりその決済のために用いられる手形を**商業手形**と呼ぶが，手形割引の本来的な対象は商業手形である。

　手形割引の法的本質に関しては見解の対立がある。金銭消費貸借とみる見解もあるが，今日，通説・判例（大阪高判昭37・2・28高民集15巻5号309頁等）は**手形の売買であると解**している。支払期日が到来すると，割引銀行は割引手形を取り立てて資金を回収し決済する。この場合に，約束手形の振出人である手形債務者が支払いを拒絶するとき，すなわち，割引手形が不渡りとなったときには，手形法上では，割引銀行は裏書人である割引依頼人に対して**遡求権**を取得することになる。しかし，割引銀行は一般的に自ら遡求権を行使することはない。**銀行取引約定書**の規定に基づいて割引依頼人に対して成立する**買戻請求権**を行使して，手形金の回収を図るのである。銀行取引約定書は，貸付取引を開始するにあたって，取引先から銀行に対して差し入れられ，貸付取引全般に適用される取引約款である。手形割引における割引銀行と割引依頼人との間の法律関係は，全面的にこの銀行取引約定書によって定まる。

□3　遠隔地間の送金・取立ての手段

　(1)　送金の手段　　為替手形は，**遠隔地への送金の手段**として利用される。とりわけ，輸出・輸入の取引に基づく国際間の送金手段として利用される。近時は，送金小切手，普通支払指図，電信送金といった方法の利用も増えているが，為替手形の利用による送金も依然として重要な地位を占めている。

　(2)　取立ての手段　　為替手形はまた，遠隔地の債務者から金銭債権を**取り立てる手段**としても利用される。この場合には，一般に海上運送中の貨物に関して発行される船荷証券により担保された為替手形（これを**荷（付）為替手形**という）が利用されている。今日，為替手形はこのような取立ての手段としては，もっぱら国際間の取引で利用されており，特に，貿易関係の代金決済では重要な役割を果たしている。

Ⅶ 手形法・小切手法の特色

□1 現行の手形法・小切手法

　手形・小切手は，一国内で利用されるだけでなく，国際的に流通するという特質を有しているために，古くから手形・小切手に関する法の国際的統一の必要性が唱えられ，そのための努力が続けられてきた。その結果，1930年および1931年にジュネーヴで開催された国際会議で，手形法・小切手法に関する国際的統一法条約の成立をみるに至った。それが，1930年の「為替手形及約束手形ニ関シ統一法ヲ制定スル条約」および1931年の「小切手ニ関シ統一法ヲ制定スル条約」である。わが国の現行の手形法・小切手法はこれら2つの条約の第一附属書に記載されている統一規定をそのまま翻訳して国内法化したものである。なお，2条約の第二附属書中には留保事項が定められており，わが国手形法・小切手法中のいくつかの規定は，これを援用して独自に規定されている。ジュネーヴ会議では同時に，「為替手形及約束手形ニ関シ法律ノ或牴触ヲ解決スル為ノ条約」および「小切手ニ関シ法律ノ或牴触ヲ解決スル為ノ条約」も成立している。これらはわが国手形法・小切手法の国際手形法・国際小切手法の部分に相当する（手88条ないし94条，小76条ないし81条）。

　ヨーロッパ諸国をはじめとして多くの国々がジュネーヴ手形法・小切手法の統一条約に参加したが，英米を中心とした諸国は参加せず，現在の世界の手形法・小切手法は，ごく大ざっぱにみて，ジュネーヴ手形法系と英米手形法系とに分かれている。他にスペイン系の手形法があるが，世界的な法統一は実現していない。異なる手形法をもつ2つの国の市民間で手形に関して紛争が生じた場合，すなわち，手形法に関する法の牴触が生じた場合には，どこで訴訟が提起されるか（法廷地がどこの国か）に応じて，法廷地の国際私法（わが国では，手形法88条以下の国際手形法および小切手法76条以下の国際小切手法）に従い，依拠されるべき手形法（準拠法）が指定されることによって，紛争解決が図られることになる。しかし，このような状況は，国際的商取引の

上ではきわめて不便であり，大きな障害となりうる。

このような状況を踏まえて，国際連合の国際商取引法委員会（United Nations Commission on International Trade Law：UNCITRAL）による準備作業を受けて，国際的支払取引のために用いる国際為替手形・国際約束手形に関する新しい手形統一法条約が国際連合により作成された。これが「国際為替手形および国際約束手形に関する国連条約」（1988年）である。この条約の発効のためには10カ国以上による批准が必要であるが，しかし，条約発効の目途は立っていない。

わが国の手形法・小切手法は，国際的な統一条約に依拠するものであるため，その改正をわが国独自で行うことは留保事項を除いてできない。手形法・小切手法の全面的な改正は現実的に困難であるといってよい。

□2 手形法・小切手法の基本理念

手形・小切手は，上述のように，支払の手段および信用利用の手段としての機能を果たすものである。したがって，手形法・小切手法はこれらの機能を十分に実現するものでなければならない。そこで，手形法・小切手法は，第1に，手形・小切手の支払いの確実性を保障する必要があり，第2に，手形・小切手の流通性の強化を実現する必要がある。これら2つの理念は，手形法・小切手法の諸規定に反映されているといえるが，同時に，手形法・小切手法の解釈や適用にあたって，支払いの確実性の保障と流通性の強化という2つの基本的な理念を維持し，かつ達成するように努める必要がある。

従来の手形法理論では，手形は転々と流通するものであることを前提として，手形流通保護に重点を置いて，広範に善意の手形取得者の保護を図るという理論構成が展開されてきた。これに対して，近時，手形流通は実際には限定的なものであるという疑問や，悪意者が作為的に善意者を介在させて，不当に流通保護の利益を享受していないか，という疑問が提起されている。確かに，流通保護の過度な重視のために，不当な結果が生み出されるとすれば，このような弊害は具体的な法の適用にあたって回避されるべきであるが，これは判例・学説が努力してきたところであって，流通保護の理念自体はや

はり手形法理論の出発点として維持される必要がある。

□3　手形法・小切手法の特質

　手形法・小切手法の特色としては，強行法的性質，技術的性質，国際的統一性などがあげられる。手形法・小切手法は主として債権に関する法規であるが，強行法規としての性格を有しており，その適用領域においては，契約法上の私的自治の原則は大幅に排除されている。これは，支払いの確実性および流通性の強化という手形法・小切手法の基本理念の要請に基づくものである。

■第 2 章■
手形・小切手と実質関係

I 原因関係

約束手形の振出人と，この振り出された手形を受け取る受取人との間に成立する法律関係のように，手形に関する法律関係を手形関係という。他方，このような手形・切手関係の外に存在する実質的な法律関係であって，手形・小切手関係と密接な関係にあるものを手形・小切手の実質関係という。その主要なものは，原因関係と資金関係である。

手形・小切手行為がなされる場合には，手形当事者の間には常に何らかの原因が存在しているはずである。この手形・小切手行為の目的である原因となっている実質関係のことを原因関係という。つまり，手形・小切手関係は原因関係の存在を前提としている（図-3参照）。そして，原因関係は手形・小切手関係とは区別され，別個に存在すると考えることは，手形法・小切手法の理解にとって重要な出発点になる。

このような原因関係は様々な形をとる。典型的な場合は，借入金債務の弁済や，買掛金債務の支払いのために手形が交付される場合である。さらに，このような既存債務だけでなく，手形の書替え，手形貸付，手形割引なども

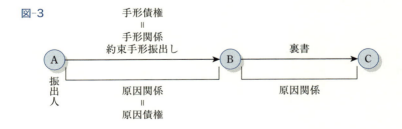

原因関係としてあげられる。

　上記のような原因関係に基づく手形の授受に関しては，何らかの形で対価の授受を伴うのが通常である。しかし，商業手形の場合と異なり，融通目的で手形が交付されるいわゆる融通手形の場合には，対価の授受はない。

II　手形関係と原因関係との関係──手形の無因性

□1　総　説

　現在，手形関係は原因関係から切り離され，分離されていると理解するのが一般である。もちろん，何人も原因なしに手形行為をすることはないから，当事者が当該手形行為により達成しようとする目的としての原因は常に存在している。しかし，その原因は手形行為の要素をなしているわけではなく，客観的に欠けていてもさしつかえない。振出人による振出しという手形行為は，原因関係である既存の債務関係そのものを手形証券に表章するものではなく，新しい債務（手形債務）を成立させるものである。このような手形関係の原因関係からの分離，手形債権の別個独立性という事柄を前提としたうえで，手形関係の原因関係に対する関係をどのように性格付けるかが問題となる。これは手形法理論の中で重要な基本的論点の一つである。これに関しては，無因的に構成する立場と有因的に構成する立場とが理論的に対立してきた。

□2　無因性

　手形の無因性の概念はドイツ手形法に起源をもつ。無因性に基づく構成は，ドイツ手形法の伝統的な立場であり，ドイツの学説上では，19世紀末には自明のこととされていた。手形法の条文からは無因・有因いずれの立場が取られているかは決められないのだが，わが国の手形法学は伝統的に無因性をとってきた。

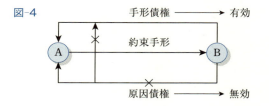
図-4

手形の無因性に依拠すれば，手形関係は原因関係の有効，無効，不存在または消滅にかかわりなく有効に成立する。この無因性は手形を授受した直接の二当事者間でも認められるべきである。しかし，それでは，たとえ原因関係が不存在，無効，消滅であったとしても，手形債務者は相手方である手形所持人に対して有効に債務を負担することになってしまい，支払いを拒めないのでは不適当である。原因関係上の当事者間では，原因関係は意義を有するとして，支払拒絶を認めないと不都合である。そこで，無因性の構成においては，一方で，手形の授受の直接の当事者間でも，原因関係の無効等の場合に，手形関係は有効に成立し存在し続けるとし，他方で，手形債務者は，上記無効等に基づいて抗弁権（ドイツ法では Einrede と呼ばれている）を有するにとどまると解する（図-4 参照）。上記の抗弁権の本質は，請求権の存在を前提としたうえで，その効力（請求力）を排除することにある。手形債務者は直接の相手方に対しては原因関係に基づく抗弁を対抗して支払いを拒めるわけである。この場合に，手形債権自体は有効に存在しているのだから，通常の債権行使の場合と異なって，原因関係の無効等についての主張責任・証明責任は手形債務者側が負担することになる。

ドイツ法的無因性の特色は，以上の別個独立的な手形債権に対抗される抗弁権という概念に加えて，対抗可能な抗弁の範囲は不当利得の抗弁が成立するか否かという基準によって決まるとする点にある。わが国の手形法学は一般にドイツ法的無因性をとってきたが，この点についてまで特殊ドイツ法的な立場を引き継いでいるわけではない。

□3　有因性

　手形の有因性に基づく構成はフランス手形法の伝統的な立場である。手形の有因性に依拠すれば，実質において，手形債権は原因債権それ自体であるといってよく，当事者間で成立する抗弁は，ドイツ法上の抗弁権のように反対権として機能するものではなくて，手形債務をはじめから無効にする。したがって，原因関係の無効等の場合には，手形債務者は手形債務の無効を主張して支払いを拒めることになる。しかし，今日，フランス手形法においても，原因関係の当事者間で，原因債権と手形債権との並存，すなわち，手形関係の原因関係からの分離，手形債権と原因債権の別個独立性が認められている。そして，手形授受の直接当事者間においても，原因関係の無効等の主張責任・証明責任は，無因性の場合と同様に，手形債務者側が負担すると考えられている。

　有因性・無因性いずれの立場によるにせよ，手形関係の原因関係からの分離性，別個独立性，および手形の文言性に基づいて，原因関係の無効等の主張責任・証明責任は，直接の当事者間でも手形債務者が負担すべきものと考えられる。

　以上の有因性に対する無因性の特色は，原因関係に基づく抗弁が，有効な手形債権の存在を前提にして，単にその効力を排除するものとして作用する点にある。

□4　わが国における無因性

　現行の手形法が上記の無因性または有因性のいずれの立場を前提としているかは，手形法の規定からは明確ではない。しばしば，手形の無因性の実定法上の根拠は手形の支払委託・支払約束の単純性（手1条2号・75条2号）に求められてきた。しかし，これらの規定は，手形法中の基本的規定として，有因性をとるフランス手形法中にも当然に存している。さらに，ジュネーヴ手形統一法条約では，無因・有因といった理論上の基本的問題に関する対立を一方に組みして解消しようという立場は採用されておらず，留保条項を設け

る等をすることにより、締約各国がいずれの立場を採用するにしても適用上不都合が生じないように配慮されている。

いずれにせよ、わが国においては、明治期以来のドイツ手形法学の影響の下に、伝統的に手形の無因性が理論的な前提として一般的に認められてきた。わが国の手形法学に対するドイツ手形法学の影響は伝統的に顕著であるが、しかし、わが国の無因性概念は、前述した特殊ドイツ的無因性概念そのものではないことには注意する必要がある。

上述の手形・手形行為の無因性というわが国手形法学上の一般的観念に対して、異なる見解も唱えられている。それは、手形行為を債務負担行為と権利移転行為とに分けてとらえることを前提として、前者を無因行為、後者を有因行為と解する権利移転行為有因論である。この説は、直接的には、後者の抗弁、二重無権の抗弁という問題の理論的解決のために提唱されたものである。しかし、この説に対しては、それが手形理論として二段階説をとるという面から（後述35頁）、および、その有因論の根拠と効果の面から（後述125頁）疑問がある。

□5 無因性の4つの用法

この無因性という概念は、手形法学中で多様な形で用いられており、その使用は以下の4つに分けて整理できる。

①手形行為、手形上の権利の性格付けとしての無因的手形行為、無因的な手形債権という表現（それは、手形関係の原因関係からの分離・独立性、無因の効果および抗弁制限の原則の効果を前提としている）、②原因関係、原因債権からの手形関係、手形債権の分離性、別個独立性としての無因性、③抗弁制限の原則によって第三取得者が取得する手形上の権利の性質としての無因性、④直接当事者間においても原因関係の無効等の瑕疵が抗弁権として取り扱われるという意味としての無因性、すなわち、手形関係の原因関係からの分離・独立性と抗弁権の対抗というメカニズムの意味としての無因性（②の無因性の用法はこの④のものの前提をなしている）、の4つの用法である。無因性というときに、これら4つのうちどのような意味で用いられているかについて、注意

して理解することが有益である。

Ⅲ　原因関係が手形・小切手関係に及ぼす影響

□1　原因関係に基づく抗弁の対抗

　前述のように，手形の無因性に依拠すれば，原因関係の無効，不存在，消滅の場合にも，手形債権は有効に成立する。しかし，手形授受の直接の当事者間においては利害の衡平のために，手形債務者は，原因関係に基づく抗弁（人的抗弁）をもって，相手方に対抗することができる。手形法上で，17条は，直接の当事者間においてはすべての抗弁の対抗が認められることを前提としているといえる。しかし，同条の定める人的抗弁の制限の法理（後述105頁以下）により，この人的抗弁は，善意の第三取得者に対しては対抗することができない（手17条・77条1項1号，小22条）。

□2　利得償還請求権の成立

　手形・小切手上の権利は短期の消滅時効または手続の欠缺によって消滅する。この場合に，手形上の債務を免れた手形債務者が，原因関係において対価を得たり資金を得てそれをそのまま保有できるのでは，当事者間の利害の衡平に反することになる。そこで，手形法・小切手法は，このような場合に，手形・小切手の所持人が，振出人，引受人，または裏書人に対して，その受けた利益の限度において償還請求できることを認めている。これが利得償還請求権の制度（後述145頁以下）である（手85条，小72条）。

Ⅳ 手形・小切手関係が原因関係に及ぼす影響

　既存の債務の決済のために手形・小切手が授受されることにより，原因関係である既存債権とは別個に手形・小切手が成立する。この手形・小切手の授受は，原因関係に対してどのような影響を及ぼすのであろうか。特に，約束手形の振出しについてみると，それにより，原因関係である既存債権とは別個の手形債権が成立する。その際に，この手形振出しによって既存債権は消滅するのか否か，または，既存債権とともに手形債権が並存し続けるのかが問題となる。

　約束手形の振出し・交付と既存債権の消滅の有無に関しては，具体的状況に応じて次の2通りの場合が考えられる。第1は，手形の授受によって既存債権が消滅することになる場合である。これは既存債務の「支払いに代えて」手形が授受される場合である。第2は，手形の授受によって既存債権が消滅することなく手形債権とともに併存することになる場合である。これは既存債務の「支払確保のために（支払いのために）」手形が授受される場合である。

　具体的な手形の授受がいずれの場合に該当するかの判定基準としては，まずもって当事者の意思があげられる。当事者の既存債務を消滅させるとの意思が明白でない限りは，手形授受により既存債務は消滅することなく，手形債権と既存債権とは併存すると推定すべきである。なぜなら，振り出されて交付された手形は，必ずしも支払いを受けられるとは限らないからである。手形の授受により直ちに既存債務が消滅するものとすると，債権者にとり不利益となるので，そこで，当事者の意思は，一般に手形授受により既存債務を消滅させることにあるとは考えられない。したがって，当事者の明確な意思が表明されていない限り，通常は手形の授受は支払確保のためであると解される。

V 手形債権と原因債権の行使の順序

手形の授受が支払いの確保のためになされ，既存債権が消滅せずに手形債権とともに併存する場合に，債権者はいずれの債権を先に行使すべきだろうか。この併存する手形債権と原因債権とは，一方の債権の支払いは他方の債権の消滅を生ずるという関係にある。この場合に関しては，いずれの債権を先に行使すべきかに従って2分することになる。第1は，既存債務の「支払いのために」手形が授受される場合である。まず手形債権を先に行使すべき場合である。第2は，既存債務の「担保のために」手形が授受される場合である。いずれの債権を先に行使するかは，債権者の自由な選択にゆだねられる。具体的な場合がいずれに該当するかの判定基準は，まずもって当事者の意思に求められる。次いで，当事者の意思が明白でない場合については，判定基準は，原因債権の債務者が同時に手形上も唯一の債務者であって，他に手形上の債務者がいないか否かということに求められる。原因債権の債務者が唯一の手形債務者であるという場合には，いずれの債権を先に行使されても，債務者の利害に違いがない。このような場合が，既存債務の担保のために手形が授受される場合にあたる。それ以外の場合は支払いのために手形が授受される場合にあたる。

以上に示した判定基準に従うと，既存債務の支払いに関して債務者が債権者を受取人として約束手形を振り出す場合や，債権者が振り出した自己受為替手形を債務者が引き受ける場合，および，債務者が自己宛為替手形を振り出す場合などは，いずれも，既存債務の債務者が唯一の手形債務者である場合に該当すると一応は考えられる。これらは既存債務の担保のために手形が授受される場合にあたり，債権者は，原因債権，手形債権のいずれを先に行使するかは自由ということになる。

これに対して，第三者振出しの約束手形や，第三者引受けの為替手形を，既存債務の債務者が債権者に裏書譲渡する場合，および，第三者により引受済みの為替手形を債務者が振出交付する場合は，他にも手形債務者がいることになり，これらは既存債務の支払いのために手形が授受される場合に該当

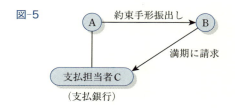
図-5

する。したがって，債権者はまず手形債権を先に行使すべきことになる。小切手を振り出す場合も同様と解される。

しかし，上述の既存債務の債務者が唯一の手形債務者にあたる場合としてあげた諸ケースについては，手形利用の現実に照らすと異なって考える必要がある。つまり，実際の手形の利用を考えると，通常，手形上に支払担当者として振出人，引受人の取引先銀行が記載されており（これを第三者方払手形という），支払銀行が支払担当者として手形上に記載されている（図-5参照）。そこで，このような支払担当者の記載されている場合には，既存債務の支払いのために手形が授受される場合にあたると解すべきである。手形債務者は，支払期日にこの支払担当者の元に支払資金を用意しておいて，その手形が決済されることを期待しているので，債権者は手形債権をまず先に行使すべきと考えられるからである。

VI　手形・小切手の資金関係

□1　資金関係

　資金関係が問題になるのは，為替手形および小切手についてであり，約束手形については問題にならない。資金関係は，為替手形および小切手の支払人と振出人との間に存する実質関係を指す。為替手形につき支払人が引受けをしたり支払いをするのは，この資金関係に基づいている。資金関係は多様な形をとる。たとえば，支払人があらかじめ振出人から現金を交付されている場合や，振出人が支払人に対して売掛金債権を有している等の場合には，

支払人は資金を交付されていることになる。資金が存在していても，それだけでは支払人は振出人の振り出した為替手形を引き受け，支払いをなすべき義務を未だ負っていることにはならない。資金関係が存在するというためには，振出人が支払人の元に処分できる資金を有し，かつ，その資金を為替手形の振出しによって処分できる旨の明示または黙示の契約が存在することが必要である。

　小切手においては，振出人と支払人である支払銀行との間に存在する実質関係が資金関係にあたる。それは，当座勘定取引契約に含まれている小切手契約に該当する。

□2　手形・小切手関係と資金関係

　フランス法上では，為替手形・小切手の振出し，移転は，同時に，振出人が支払人に対して有する資金債権（provision）の譲渡，移転を生ずるとされており，これはフランス手形法・小切手法の大きな特色である。しかし，わが国の手形法・小切手法は，これと異なりドイツ法にならって，資金関係を手形・小切手関係から分離する立場をとっている。したがって，手形・小切手関係から分離，独立している資金関係の存否，およびその内容は，手形・小切手関係の効力に関して何ら影響を及ぼさない。

□3　準資金関係

　準資金関係とは，為替手形の引受人または約束手形の振出人と支払担当者（支払銀行）との間，手形保証人と被保証人との間，および参加支払人と被参加者との間に存在する実質関係をいう。この関係は資金関係に準ずるもので，資金関係について述べたことがあてはまる。

■第3章■
手形行為

I 総説

□1 手形行為の概念

　手形行為は，手形に関する法律行為である。それは，署名を要件とする行為であり，一定の方式を充たす必要がある要式の書面行為である。そして，原則として手形上の債務の負担を生ずる法律行為である。約束手形には，振出し，裏書および保証の3種の手形行為があり，為替手形には，振出し，裏書，引受け，参加引受けおよび保証の5種の手形行為がある。なお，小切手行為としては，振出し，裏書，保証および支払保証の4種がある。

　これらのうち，振出しは，手形を創出する手形関係の基点となる手形行為であるから，基本的手形行為と呼ばれる。その他の手形行為は，振出しという手形行為を前提として行われるものだから，付属的手形行為と呼ばれる。

□2 手形行為の特色

　手形行為は一般の法律行為とは異なる特色を有している。

　(1) 書面性　　手形上の権利は手形証券に表章される（すなわち，手形証券に化体される）ものであり，この手形上の権利と手形証券とは分かちがたく結び付けられている。したがって，手形行為は手形証券上に記載されることによってのみ成立する。さらに，手形上の記載内容は，すべての手形当事者の権利義務関係の上で重要な意味をもっている。そこで，手形法は手形証券中に手形債務に関する一定の重要事実が表示されるべきことを要求する。

(2) 要 式 性　　上の書面性と結び付いて，手形行為は，一定の法定の要件を充たしていなければ有効に成立しない。法定の記載事項のいずれかを欠いた手形行為は，原則として無効である（すなわち，手形行為は厳格な要式性を有する）。

(3) 文 言 性　　手形行為の内容がどのようなものかは，たとえ手形外に存する実体的関係と異なっていても，もっぱら手形証券上の記載内容によって定まる。手形行為者は記載どおりの債務を負担する。このことは，手形債務者と第三取得者の関係においてだけでなく，手形授受の直接当事者間においてもあてはまる。手形の記載外に存する合意は，直接の当事者間においても手形外の抗弁事由となるにとどまる。

(4) 無 因 性　　手形関係と原因関係とは無因の関係にある（手形の無因性）。そして，手形行為も無因であり，手形行為は原因関係にかかわりなく（すなわち，原因行為が有効か否かとかかわりなく）有効に成立する。原因関係の不存在，無効は，手形授受の直接の当事者間においても，手形債務者にとって抗弁を成立させるにとどまる。

(5) 独 立 性　　1通の手形の上になされるいくつかの手形行為の間には，通常，まず振出しがなされ，それを前提として引受け，裏書，保証等がなされるというように，前後関係がある。しかし，手形法では，形式的に有効な手形の上になされたそれぞれの手形行為は，他の手形行為が実質的に有効か否かにかかわりなく，独立して効力を有するとされている。これが手形行為独立の原則である（手7条）。そこで，たとえば，振出しが振出人の制限行為能力のために取り消された場合でも，この手形上にその後になされた裏書，引受け等の手形行為は振出しが効力を欠くこととはかかわりなく有効である。

手形行為独立の原則の根拠に関しては，2つの主要な見解が対立している。第1の当然説は，この原則は手形行為が本来的に別個独立の文言的行為であることに基づいた当然の結果であるとする。第2の政策説は，1通の手形上になされる数個の手形行為の間には前後の関係があるが，手形流通の円滑化という政策的考慮に基づいて，この原則の存在によって各手形行為に独立的効力が認められるとする。

振出しにあたって手形上になされた記載は，それに基づく後続の手形行為（裏書，引受け等）の不可欠な方式上の要件となっている。したがって，先行する手形行為の有効性は，本来は後続する手形行為の効力に及ぼすものと考えられる。しかし，手形流通の促進のためには，手形取得者は取得にあたりすべての手形行為の実質的有効性に関して調査することは不要であると考えるべきであり，手形取得者は手形行為の有効性の外観に対し信頼できるものとする必要がある。そこで，手形法7条は，先行する手形行為の記載について，外形上からは分からない実質的な瑕疵がある場合に，特に手形取得者を保護していると解して，政策説を支持する。

　手形行為独立の原則の適用要件は，第1に，先行する手形行為が形式上有効であることである。さらに第2に，手形取得者が善意であることである。この第2の点に関しては，上記2説のいずれに立つとしても，通説・判例（最判昭33・3・20民集12巻4号583頁）は，手形取得者の善意・悪意を問わないとする。これは当然説によれば自明の結果であり，政策説では，この原則は善意取得者保護よりも歩を進めて手形行為の確実性を高めていると解している。しかし，この原則の趣旨を上記のように理解すれば，先行する手形行為の表示が有している有効性の外観に対して信頼する者だけが保護されるべきであって，この原則は善意の取得者にのみ適用されると解する。

□3　手形行為の解釈

　手形の文言証券性，手形行為の文言性からは，手形行為が要件を充足しているか否かの評価は，手形に記載された事項が事実に合致するかどうかにかかわりなく，手形上の記載だけによりなされるべきという原則が導き出される。これを外観解釈の原則という。

　さらに，手形行為の解釈，すなわち，手形上の記載の意味内容の解釈は，もっぱら手形上の記載（文言）のみによってなされるべきであり，手形外に存する事実，証拠によって記載内容の意味を変更，補充してはならないとの原則が認められている（大判大15・12・16評論28巻商法27頁）。これを客観解釈の原則という。これもまた手形の文言証券性，手形行為の文言性に基づくも

のである。一般の法律行為、意思表示の解釈にあたっては、表示行為において用いられた言語や文字に必ずしも形式的に拘泥することなく、すべての具体的な事情の下での当事者の意思（意図、目的）を探求すべきとされているのと相違している。手形行為、手形上の記載の客観的解釈とは、その記載（表示）の意味の社会通念に従った確定、すなわち、一般取引観念や社会的慣習にしたがった合理的な確定として理解される。したがって、たとえば、存在しえない平年の2月29日を満期とする手形は、2月末日を満期とする有効な手形であると解することになる（最判昭44・3・4民集23巻3号586頁）。

II 手形行為の成立

□1 手形行為の方式

(1) 署名　手形行為は法定の方式に従うことが必要な書面行為であるが、すべての手形行為について署名が共通的に要求される。手形行為にとって、行為者の手形上への署名が不可欠な成立要件である。反面、手形上に署名をしていない者は、原則的に手形上の責任を負うことはない。

署名とは、本来、自署を意味するが、手形法・小切手法における署名とは自署のほかに記名捺印をも含むものと規定されている（手82条、小67条）。実務上では記名捺印による場合が圧倒的に多い。

署名によって表示されるべき行為者の名称は、必ずしも戸籍簿または登記簿上の氏名あるいは商号である必要はない。通称、雅号、芸名、ペンネームでもさしつかえない。他人の名義を自分自身を表示するために使用することも可能である。たとえば、夫が妻の氏名を用いて手形行為をするような場合である。具体的には、不渡手形を出して取引停止処分を受けた夫が、妻の名義を借りて手形を振り出すという場合がある。判例（最判昭43・12・12民集22巻13号2963頁）および有力説は、この場合に、手形行為者が他人の名義を自己を表示するために用いたと認定されるためには、他人の名義を手形行為に1回限りで利用しただけでは不十分であって、平常の取引でそれを用いてい

たと認められることが必要であるとする。しかし，たとえ1回限りで妻の名義を利用した場合であっても，手形所持人が，その手形行為は真実は夫が自己の行為としてしたものであると証明できる限り，夫の手形上の責任を問うことができると解すべきである。もちろん，夫の手形行為であることを知らずに手形を取得した場合には，手形所持人は妻に対して請求することが可能である。

(2) 記名捺印 　記名捺印とは，筆記，タイプ，印刷，記名判等を用いて行為者の名称を表示したうえで（記名），その者の印章を押捺することをいう。実務では，手形行為はこの方法により行われるのが一般的である。手形行為者自らがその名称を筆記して押捺する場合は，自署に該当し，これは記名捺印には該当しない。自署は他人が代理してすることができないのに対して，記名捺印は本人によっても他人によってもなされうる点に特色がある。実際には，記名捺印は，代理権限や代行権限を与えられた者が，本人に代わって行う場合が多い。これを特に**機関方式の手形行為**と呼んでいる。

　記名捺印の際に押捺される印章は，理論上は手形行為をなそうとする者により自己の印章として用いられている限りは，どのようなものでもよいとされている。実印や銀行取引印である必要はなく，認印や三文判でもよい。また，雅号を表示する印章のように行為者の氏名とは何ら関連性のない印章であってもよい。さらに，他人名義の印章や他人の印章であってもかまわない。押捺が手形行為者自らの意思に基づいて行われてさえいればよいのである。

　しかし，以上は理論上の事柄である。手形の実際の利用はもっぱら銀行を支払場所（支払担当者）として行われるので，約束手形・小切手の振出しや為替手形の引受けをなすときは，あらかじめ当座預金を有している取引銀行に届け出ている印鑑（銀行届出印）を用いる必要がある。この振出された約束手形等の支払銀行は，手形上になされた顧客の記名捺印と届出印鑑とを照合して同一性を確認したうえで支払うべきものとされており，それにより銀行はこの者との当座勘定取引契約上で免責されることになる（当座勘定規定16条1項）。そこで，約束手形・小切手の振出人および為替手形の引受人は，届出印を使用して手形行為をすることが必要である。ただし，届出印鑑を用いないで，これ以外の印章（たとえば，実印）を用いて約束手形を振り出しても，手

形自体の効力を害することはなく，手形法上は有効というべきである。このような手形については，支払銀行は当座勘定取引契約に従い本来支払いを拒絶すべきであるが，例外的に振出人の支払委託意思を確認してから支払うときには免責されてよい（最判昭58・4・7民集37巻3号219頁参照）。

(3) 会社その他の法人の手形行為　会社その他の法人が手形行為をする場合には，法人のためにする旨を示したうえで，自然人である当該法人の代表者が署名または記名捺印をなすという方式による（最判昭41・9・13民集20巻7号1359頁）。それは，①法人の表示，②代表機関の表示，③代表者の署名または記名捺印という3つの要素に分けられる。上記のうち②に関しては，代表関係の表示の方式について，別段の決まりがあるわけではない。会社その他の法人のためにする旨が認められるような記載があれば足りると解されている（42頁参照）。たとえば，重要な判例として，「合資会社安心荘 斉藤シズエ」という振出名義の手形について，この表示の解釈上，振出人名義は法人とも個人とも解せるとするものがある（最判昭47・2・10民集26巻1号17頁）。

　会社が約束手形を振り出す場合に，必ずしも代表者自らが署名・記名捺印をする必要はない。実務においては，経理担当の部長や課長などに銀行へ届け出てある記名判，印鑑を保管させておき，必要に応じてその者に指示して，手形を振り出させるという場合も多い（機関方式の手形行為）。会社によっては，手形振出しの権限を経理部長，経理課長といった下部に委譲している場合もある。この場合には，手形振出しはこれらの者の名義で行われることになるが，これらの者は会社の代表者ではないので，手形振出しは会社を代表して行われるのではなく，代理して行われることになる。したがって，会社から手形振出しの代理権限が付与されていることが必要であり（後述Ⅳ1(3)），これらの者の記名判，印鑑を事前に支払銀行に届け出ておくことが必要である。

□2　手形の交付——手形理論

(1) 手形理論（手形学説）　通常，手形の振出しは，振出人が手形上に諸事項を記載し，署名・記名捺印をして作成し，次いでそれを受取人へ交付

することにより行われる。受取人に交付する以前であれば，振出人は自由に手形振出しをやめて用紙を廃棄することができる。このような通常の場合をみれば，手形行為，特に振出しは，受取人等に手形を交付した段階ではじめて完成するといってよさそうである。はたして手形行為の成立はこのように解せるのか。これは手形理論にかかわる問題である。わが国の手形法学上の理論の多くはドイツ法学に起源をもつが，ドイツで概念法学全盛の時代に隆盛をきわめた手形理論に関する諸議論はそのままわが国に引き継がれて，わが国手形法学の基盤をなしている。

しかし，今日すべての種類の手形行為に適用される統一的な法律構成が可能かという点について一般に否定的である。それぞれの手形行為に応じてその成立について各別に法律構成をするのが一般化している。たとえば，振出しに関しては基本的に契約として構成する見解が有力だが，為替手形の引受けに関しては一般に単独行為と解されている。

なお，手形理論において，手形行為・手形債務の成立にかかる理論構成という問題設定をより広げて，手形行為者と第三取得者との間の手形債権・債務の成立に関する理論構成をも視野に入れるときには，人的抗弁の制限の理論的根拠付けという問題にもかかわりをもってくる。しかし，これは今日一般的には採用されていない議論の仕方である。

現在において，手形理論の中心論点は，手形振出しの成立に関する法律構成にある。そして，それは，手形が手形作成者（たとえば，約束手形振出人）により作成，署名された後に，盗難，紛失などのため，作成者の意思によらずに流通に置かれるに至った場合に，作成者（署名者）は善意の手形取得者（悪意・重過失なき取得者）に対して手形上の債務を負うのか否かの問題と密接に結び付いている（図-6参照）。これが交付（契約）欠缺の抗弁の問題である。古

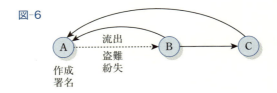

図-6

くは，この交付欠缺の抗弁は，手形債務を負っていないとしてなんぴとに対しても対抗できる物的抗弁（後述113頁以下）とされていたが，近時は，善意の取得者に対しては制限されるべき人的抗弁とされている。交付欠缺の抗弁の問題は，現代の手形法学上で重要な論点の一つである。それは，有効な手形振出しの成立のためには，手形の作成・署名に加えて署名者の意思に基づく手形交付が必要か否かという形で，手形理論と結び付く。このような交付欠缺の抗弁との結び付きという点において，手形理論の意義は決して小さなものではない。

　手形理論に関する今日のわが国の学説上の立場は大きく2分されている。その一方の側には，手形債務負担の根拠をすべて法律行為的意思に還元するものがあり，他方の側には，それを場合に応じて意思に基づく責任と法に基づく責任とに求めるものがある。

　(2) 契約説　　主要な手形理論の第1は，契約説である。これは，手形行為の成立には署名者と相手方との交付契約による手形の授受が必要であるとする。これは手形振出しを契約に基づく債務負担と考えるものであるから，一般的に受け入れやすい。たとえば，約束手形の振出しについては，振出人が手形に署名してこれを相手方に交付し，相手方がそれを受領することにより，手形債務負担契約が成立して，手形振出しが完成するとする。したがって，契約説を前提とすれば，交付欠缺の場合には，手形署名者が責を負う余地はないことになってしまう。これは善意の手形取得者にとりはなはだ不都合な結果であり，手形流通の促進の面で不適当である。

　(3) 単独行為説　　その第2は，手形行為は行為者の単独行為によって成立するとする単独行為説である。この主要なものとして発行説と創造説とがある。

　(イ)　**発 行 説**　　発行説は相手方への手形の任意交付（発行）により手形債務が成立するとする点で契約説と共通する。しかし，手形行為を単独行為とみるため，契約説と異なって相手方の承諾の意思表示は不要と考える。けれども，この発行説によっても，交付欠缺の場合にはまったく取得者の保護がない。

　(ロ)　**創 造 説**　　創造説は，手形行為は行為者の手形署名だけで完成する

とする。したがって，その後に盗難，紛失といった交付欠缺の事態が生じても，署名者の債務負担は妨げられることなく，取得者は保護される。この説にあっては，手形行為の成立にあたって手形債権者は誰なのかという点に，理論的困難を生ずる。わが国で有力な説は，手形行為（振出し）を交付をも含めて構成して，振出しを手形の作成と交付の二段階に分けたうえで，第一段階で，手形の作成・署名により手形上の権利が成立し，同時に，手形を所持する振出人自身が権利の主体（債権者）となり，第二段階で，この権利が手形証券の交付により移転され，これは振出人と受取人との間の交付契約によると考える。したがって，交付欠缺の場合には，手形取得者は成立している手形を無権利者から取得することになり，善意取得（手16条2項・77条1項1号）の制度が対象とする事案ということになる（鈴木竹雄・手形法・小切手法142頁以下）。これを二段階説と呼ぶ。

　創造説の基礎にある意思表示の理論は，契約説，発行説が依拠している意思表示に関する一般原則と異なっていることは明らかである。創造説によれば，署名者が手形の交付を思いとどまって自己の手中に保持しているときにも，表示行為が存在すると解することになって不自然である（今井宏「手形行為と手形の交付」『手形法・小切手法講座1』102頁）。さらに，二段階説は，振出しという手形行為を2分する点で不自然であり，また，第1段階で署名者自身が自分に対する権利者であることにも無理がある（田中誠二・手形・小切手法詳論上（1968年，勁草書房）82頁）。二段階説は，手形であることを認識し，または認識することができた状況の下で手形上に署名をすれば，自分自身に対する債務が発生するとするが，この観念は行為者の意思によって法律効果が付与されるとする一般の意思表示の概念を越えるものではないか（行為者が自分自身に対する債権を取得するとの意思を有するとするのは，はなはだしい擬制ではないか）と指摘されている（今井・前掲105頁）。創造説（特に二段階説）は交付欠缺という問題だけを考えれば利害の衡平に適った明快な理論構成を提供するといえる。しかし，それは，一般的な法律行為論の修正論としての意味をもち，交付欠缺といういわば例外的な場合を念頭におくものであって，手形行為成立の正常な場合は行為者の意思に還元すべきではないかと考える立場からは支持できない。

(4) 権利外観理論　　今日わが国では、基本的には契約説または発行説をとりながら、交付欠缺の場合には、権利外観理論によって善意の取得者を保護する立場が有力となっている。このように権利外観理論と結び付く以上は、手形行為の原則的な成立方式を契約とみる立場が最も自然である。

　(イ)　構　成　　権利外観理論は、概念法学と対決して台頭した利益法学的思想に依拠するものである。この理論は、手形行為の成立に手形の交付が必要であるという前提をとるとしても、それが欠けているのに手形が流通に置かれた場合には、署名者は証券の作成・署名によって手形債務を有効に負担したという外観を作出しており、それによって第三者の信頼を惹起させた以上、外観の成立に原因を与えた者として、善意の第三者に対して外観に従った責任を負わなければならないとする。通常、作成された手形は、契約によって流通に置かれるのだから、振出人以外の者の手中にある手形は、有効に振出人が手形債務を負ったという可能性がきわめて高いとみられる。この外観に対して第三者が信頼することができるときに、手形流通は促進される。反面、上記の外観の成立に原因を与えた者は、外観に従って責任を負うべきと考えられる。

　この権利外観理論は、前出の手形理論の諸説と異なって、手形行為の原則的構成は契約説、発行説によったうえで、それらによれば有効な手形行為の成立がない交付欠缺の例外的場合について、手形流通の保護・促進のために、善意の手形取得者を保護するものであり、いわば補完的な理論である。この権利外観理論の特色は、手形債務の発生を2つの原因、すなわち、署名者の意思と法とに基づかせる点にある。この理論によれば、手形署名者は、自らの有効な法律行為（手形行為）を欠くときにも、手形法の手形流通の促進という目的を実現するために、自己の作出した外観どおりの手形債務を負担すべきことになる。権利外観理論は、法律行為がその瑕疵により効力発生を妨げられ、私的自治の原則が働かない場合に、法律行為論とはまったく無関係に、当事者の信頼保護を達成しようとするものである。この理論が手形債務を2つの発生原因に基づかせる点は、それを唯一の原因に基づかせる創造説と比較して、簡明性においては劣るであろう。しかし、それは、現実の手形上の法律関係により一層適合し、かつ不要な意思の擬制を避けることができ、支

持されるべきである。

(ロ) **適用要件**　権利外観理論の適用要件は，第1に，署名者の帰責性の存在であり，第2に，手形取得者の信頼，すなわち善意である。

　帰責性という観念の中核にあるのは，人は自己の行為に対して責任を負うという考え方だから，帰責の対象と帰責性ある者の行動または行動範囲との間に，何らかの関係が存在することが必要である。また，帰責性は，帰責可能性を前提とするので，絶対的強制，無権代理，署名の偽造，制限行為能力の場合には，署名者の帰責性は認められない。そして，署名者（作成者）には，自分が手形を作成・署名することを知っていた場合，またはそれを知ることができたはずの場合にのみ帰責性が認められる。この署名（手形の作成）は，作成者の自らの意思に基づいて行われることが必要であり，かつ，それで十分である。それ以上に署名者が手形流通に対し原因を与えたことは不要である。

　権利外観理論は，手形署名者の有効な手形行為が存在しない場合に，有効な権利が存在するという外観に対して信頼する者を保護しようとする。この権利外観理論と，自己の法律行為に基づいて責任を負うとする私的自治の原則との対立を解消するのが帰責性の要件なのである。作成者が手形上に署名をなすことによって権利の有効な存在の外観が発生し，善意者がそれに信頼する危険が生じるのだから，手形流通の促進のために外観に対する信頼保護を重視するのであれば，作成者には自己の意思に基づいて署名をしたことだけで帰責性が認められるべきである。

　以上において要求されている署名者の手形作成に関する意思は，法律行為的な意思ではないため，民法の意思表示に関する諸規定は適用されない。作成者は民法規定によって，錯誤，詐欺，強迫等の存在を理由に，署名の効力を排除して，責を免れることはできない。

　第2の取得者の主観的要件に関しては，善意が要求されるが，学説は，無権利者からの手形上の権利の善意取得に関する手形法16条2項の要求する取得者の「善意」によることで一致している。この点は，善意取得の場合と交付欠缺の場合との利害状況が類似していることに根拠が求められる。すなわち，①交付欠缺の場合にも，本来手形債務が存在しないために，それを有

効に譲渡できない限りで，無権利者からの取得が問題になり，取得者に要求される主観的要件を同一に解することができる。さらに，②有効な手形債務の成立のためには，原則的に手形交付が必要であるから，手形債務の不存在の場合における取得者の信頼は，無権利者から取得する者の信頼と共通性がある。

取得者が以上の主観的要件をみたさないとき，すなわち，取得者に悪意・重過失があるときは，署名者は責を免れる。取得者の悪意・重過失の証明責任は署名者側が負担することで学説は一致している。

(ハ) **実定法上の根拠** 権利外観理論に対しては，実定法上の根拠を欠いているとの批判がある。これは，直接的には，権利外観理論による交付欠缺の抗弁制限の実定法上における根拠を問題にするわけである。一般に，この根拠は，手形法16条2項または10条の類推適用に求められている。

(5) **判 例** 判例では，当初大審院は契約説をとっていた（大判明44・12・25民録17輯904頁）。しかし，大判昭10・12・24民集14巻2105頁以降は，発行説に移行したといわれる。この大審院判決は，裏書人が署名をしたうえで自己の意思に基づいて手形の占有を移転した場合には，たとえ相手方である被裏書人に交付したのでなくても，まったく手形を流通におく意思がなかったと断定すべきでなく，むしろ一種の危険を冒して他人に交付したものにほかならないがゆえに，善意の取得者に対しては署名者としての責を負わなければならないと判示した。その後，最高裁判所は，何らかの意味で任意に交付がなされた場合に，署名者は善意の取得者に対して責任を負うとしてきた。しかし，最判昭46・11・16民集25巻8号1173頁は，「手形の流通証券としての特色にかんがみれば，流通におく意思で約束手形に振出人としての署名または記名押印をした者は，たまたま右手形が盗難，紛失等のため，この者の意思によらずに流通におかれた場合でも，連続した裏書のある右手形の所持人に対しては，悪意または重大な過失によって同人がこれを取得したことを主張・立証しない限り，振出人としての手形債務を負うものと解するのが相当である」と判示した（この判例を踏襲するものとして，最判昭56・2・19金法971号39頁）。この判決の理論的根拠は不明確であり，いずれの手形理論によったものとみるべきかにつき見解が分かれているが，特定の

手形理論によったものとは解せないであろう。

　上記46年判決が，振出人の債務負担の前提を「流通におく意思での署名」に求めている。この46年判決では，約束手形が支払いのために作成された後，交付に備えて保管中に盗取されたという事案において，「流通におく意思」の存在を認めている（これに対して56年判決では，振出人は約束手形を流通させない意図を有していたが，少なくとも受取手に対しては手形により債務を負う意思を有していたという事案において，「流通におく意思での署名」の存在を認定している）。

　46年判決は，署名者の当該手形によって債務を負担しようとする意思（債務負担意思）を重視していると理解することができる。このような意思の存在は，任意の手形交付があるときにも認定できるのであり，この署名者が有する債務負担意思という見地から，46年判決以前の諸判決と46年判決とを比較してみると，このような意思の存在のほかに，「手形の交付」を要求するか否かが相違点とみられる。したがって，46年判決は，前記大審院判決と共通の基盤の上に立ちながら，従来の諸判例と比べて，より一層取得者保護の方向に歩を進めたものと評価できる。以上のように46年判決を理解すると，そこでは，署名者が何らかの原因で手形の占有を失った時点における署名者の「債務負担意思」の存在を決定的基準とみていると解される。それ以後の下級審判決中には，署名後使用する目的もなくまたは廃棄する意図で手形用紙を保管中に盗取された場合に，署名者の流通におく意思の欠缺を認めるものがある（大阪地判昭47・12・18金判345号19頁，福岡高宮崎支判昭48・10・3金判388号7頁）が，これらは本書のとる分析に合致する。これらの判決は，盗取された時点で流通におく意思があったか否かを，署名者の責任負担の基準としているのである。

　以上のように判例の流れを理解すれば，それは署名者の債務負担意思を重視している点において，第三者保護の面で，権利外観理論と違いがある。

Ⅲ 手形行為と民法の意思表示に関する規定

□1 総説

　手形行為は法律行為であるから，意思表示によって構成されている。したがって，手形行為が有効に成立するためには，その要素である意思表示が有効に成立しなければならない。そのためには，手形行為者が手形権利能力および手形行為能力を有し，かつ，当該意思表示について意思の欠缺または瑕疵がないことが必要である。

□2 手形上の意思表示に関する意思の欠缺または瑕疵

　(1) 学説　　手形行為は法律行為であるから，民法の意思表示に関する一般原則が適用されるか否かが問題になる。民法の一般原則をそのまま適用すると，善意の手形取得者の保護の面で不適当な結果となる場合があり，手形流通の促進に反する。そこで，民法の諸規定はどこまで手形行為に適用されるべきか，さらには，そもそも手形行為に適用があるのか否かが争われてきた。

　有力な見解の第1は，善意の第三取得者保護のため，民法の一般原則を修正して適用すべきとする説である（個別的修正説）。民法自体が無効・取消しを善意の第三者に対抗できないとしている心裡留保，虚偽表示，錯誤，詐欺の場合にはそのまま適用され，強迫の場合には，民法の規定を修正して適用すべきとする。すなわち，心裡留保については，当該手形行為が無効となる場合に，この無効は善意の第三者に対して対抗できず（民93条），虚偽表示についても同様であり（民94条），錯誤については，当該手形行為が取り消された場合に，この取消しは善意の第三者に対抗できない（民95条1項4項）。そして，強迫については，詐欺の場合に準じて，善意の第三者に対しては取消しを対抗できないとする（民96条3項の類推適用）。

　第2は，民法の一般原則の手形行為への適用を否定する見解である（全面

適用排除説)。その1は，たとえば，手形行為は書面性，文言性，形式的行為性を有する法律行為だから，それは手形行為者が手形であることを認識しまたは認識することができた状況の下で署名すれば成立するとし，意思表示に錯誤，詐欺，強迫等の瑕疵があっても有効に成立するとする見解である（形式的行為説)。これによれば，錯誤等の意思表示の瑕疵があることは，人的抗弁事由であるにとどまり，意思表示の瑕疵に関する民法規定の適用は全面的に排除されることになる。

(2) 権利外観理論に依拠する見解　民法の一般原則の手形行為への適用を否定する見解のその2は，権利外観理論に依拠するものである。

権利外観理論においては，不利益を被る者の帰責性は，手形であることを認識しまたは認識することができた状況の下で，自らの意思に基づいて署名をなすことに認められる。しかし，上記でいう意思とは，民法上の意思表示自体ではなく，帰責性との関係においては，民法の意思表示の瑕疵に関する規定の適用の余地はない。原則的に手形理論として契約説によるときには，意思表示の瑕疵がある場合には，当然に有効な手形交付契約は成立しないと解することになる。しかし，その場合にも，署名者自身が惹起した有効な手形行為の成立の外観が存在するから，それに対し善意の第三者が信頼するときには，署名者は手形上の責を負うべきである。その際にこの責任については意思表示の瑕疵に関する民法の一般原則の適用の余地はまったくない。そして，手形債務の負担に関して意思表示の瑕疵がある場合に，これを善意の第三者に対しては対抗できないという意味で，それは人的抗弁事由にあたるが，交付欠缺の抗弁と同様に，悪意・重過失なくして取得した手形所持人に対し対抗できない人的抗弁である。

(3) 判　例　判例（最判昭54・9・6民集33巻5号630頁）は，裏書について錯誤ある場合に関して，「手形の裏書は，裏書人が手形であることを認識してその裏書欄に署名又は記名捺印した以上，裏書としては有効に成立するのであって，裏書人は，錯誤その他の事情によって手形債務負担の具体的な意思がなかった場合でも，手形の記載内容に応じた償還義務の負担を免れることはできないが，右手形債務負担の意思がないことを知って手形を取得した悪意の取得者に対する関係においては，裏書人は人的抗弁として償還義務

の履行を拒むことができるものと解するのが相当である」と判示している。これは，手形行為について錯誤がある場合に関して，民法の錯誤に関する規定の適用の余地がないことを明示するものである。しかし，この判例は，民法の意思表示に関する一般原則の適用を全面的に排除する趣旨であるとまでは，断定することはできない。

Ⅳ 手形行為の代理

□1 代理方式

(1) 総説　　手形行為は他人を通して行うこともできる。他人による手形行為には，代理方式による場合と，他人の氏名が何ら表示されずに直接本人名義でなされる機関方式による場合とがある。

手形行為の代理に関しては，原則的に民法の代理に関する規定が適用される。有効な手形行為の代理であるためには，代理人が本人のためにする旨を記載して，代理人自身の署名・記名捺印をすることを要する。これを分説すると，①本人の表示，②代理人である旨の表示，③代理人の署名・記名捺印の3つの要件を充たすことが必要である。法人の代表機関が法人を代表して手形行為をする場合も同様の方式によるから，ここでは，これについても述べておく。

(2) 代理関係の表示　　代理（代表）機関としての表示は，典型的にはA代理人B，A株式会社代表取締役Bのような記載である。しかし，これらのように明確に，代理関係，代表関係を示すものでなくともよい。手形行為が行為者自身のためでなく，代理・代表により本人・法人のためになされると認められるような記載がなされればよい。そこで，A会社支配人・某支店長・某営業所長等の表示のほか，社長，副社長，専務取締役，取締役，経理部長，営業部長，出張所主任，支店長代理といった表示でも代理の形式として十分である。

A寺B，A寺住職B，A共同組合B，A合資会社Bといった代理・代表の

旨の表示をまったく欠く記載に関して，判例は事例により，あるいは，代理人・代表者の署名と認定し，あるいは，単にB個人の職業・勤務先・住所を表示するにすぎないと解してきた。しかし，最判昭47・2・10民集26巻1号17頁は，「合資会社安心荘　斎藤シズエ」という振出人名義の約束手形（「安心荘」の部分がやや大きかった）について，「この表示の外観解釈上，振出人名義は法人とも個人とも解せるのであり，手形取引の安全を保護するために，手形所持人は，法人および代表者個人のいずれに対してもその選択に従い手形金の請求をすることができる」と判示しているが，手形流通の保護の見地から正当と解する。

(3) 代理権・代表権　　手形行為の有効な代理・代表のため，すなわち，代理・代表の法的効果を本人に帰することができるためには，行為をなす者が手形行為の代理権限・代表権限を有していることが必要である。代理人・代表者が手形行為について上記権限を有することの証明は，原則的に，手形行為の効果が本人に帰属すべきことを主張する手形所持人側が負わなければならない。

実務においては，手形行為は会社の経理担当の部長，課長名義で行われる場合がある。これは会社代表者によるものではなく，代理人による行為である。したがって，手形行為につき代理権限が授与されていることが必要である。

ところで，会社の経理部長，財務部長，経理課長，会計課長は，会社の会計事務の委託を受けた使用人にあたり，会計事務の中には当然手形の振出し，裏書も含まれるので，法律上は当然に手形行為の権限を有すると解される（会社14条1項）。したがって，特別な代理権授与は不要である。会社の営業部長，支店長についても同様であり，本店または支店の支配人についても同様である（会社11条1項）。これらの者が，会社内部の業務上の指示に違反して手形行為をした場合，または，実際にはまったく手形行為をする権限を与えられていない場合であっても，これらの者の代理権に加えた制限をもって善意の第三者に対抗できないから（会社11条3項・14条2項），会社は手形上の責任を免れない。この制限に違反する手形行為も有効であり，直接の相手方が悪意であっても，それは人的抗弁事由であるにすぎない。

会社の代表者に関しても同様に，その権限に加えた制限は善意の第三者に対して対抗することができない（会社349条4項・5項・599条4項・5項）。

□2　代理・代表権限の濫用

　代理権・代表権を有する者が，外形的にみて権限の範囲内に入る行為だが，実際には自己または第三者の利益を図る目的を有して行為をする場合は，代理権限の濫用・代表権限の濫用にあたる。

　代理（代表）行為の直接の相手方が，当該行為が権限濫用行為に該当すると知っている場合には，本人（法人）が責任を免れうるという点で判例・学説は一致している。しかし，その理由付けに関しては対立がみられた。判例は一致して，心裡留保に関する平成29年改正前民法93条但書の規定を類推適用して，相手方の悪意または過失を証明したときには権限濫用の法律行為は無効となり，相手方に対して責を負わないとしていた（心裡留保説，最判昭38・9・5民集17巻8号909頁，最判昭42・4・20民集21巻3号697頁，最判昭44・4・3民集23巻4号737頁，最判昭44・11・14民集23巻11号2023頁）。これに対して，学説は，代理・代表行為成立のために必要な代理・代表意思としては直接本人について行為の効果を生じさせようとする意思があれば足りるとして，判例の立場を批判していた。

　平成29年（2017年）民法改正は，上記判例の趣旨を踏まえて，代理人が自己または第三者の利益を図る目的で権限濫用行為をした場合において，相手方がその濫用目的を知り，または知ることができたときは，その行為は無権代理人がした行為とみなす旨の規定を新設している（民107条）。代表権限の濫用に関しても，この規定の類推適用が考えられる。

　権限濫用行為について悪意の直接の相手方から手形を善意で取得した第三者は保護されるべきであるが，判例は，その理由を，手形の流通証券性に基づきこの無効は人的抗弁と解すべきことに求めて，手形を裏書により取得した第三者に対して，本人（法人）は，手形法17条但書の規定によりその悪意を証明するときにのみ責を免れるとしていた（上掲最判昭44・4・3）。

　民法107条によれば，代理権限の濫用の法律行為は，相手方に悪意または

過失がある場合には無権代理行為とみなされ，当該行為について本人は責任を負わない。そこで，相手方は，民法117条により，代理権限を濫用した者に請求することができる。また，本人は，当該代理行為・代表行為を追認することができる（民116条）。他方，当該濫用目的について善意・無過失である相手方は保護されるから，この者からきれいな手形上の権利を承継取得する第三者は善意・悪意を問わずに当然に保護される（後述47頁）。

相手方が当該濫用目的について悪意・過失のある者である場合には，本人は，相手方に対して無権代理の抗弁を対抗できることになるが，無権代理行為については，本人は責任を負わず，物的抗弁としてすべての手形所持人に対抗できることになるはずである（無権代理は物的抗弁とされている（後述114頁））。

けれども，代理・代表権限の濫用は，外形的には判別できないものであり，外形上は本人の利益に反するものであるとはみえないから，手形の取得にあたり，取得者に無用な実質的な代理・代表権限の濫用の有無についての調査をなすべき義務を課さないためには，手形流通の強化の理念に整合するように，悪意・過失ある相手方からさらに手形を取得する第三取得者に対しては，手形法17条が適用されて，同条但書の悪意が存するのでなければ，当該権限濫用の抗弁を対抗することはできないと解すべきである（従来の判例の立場と同様）。

□3　手形行為の無権代理

(1)　**無権代理人の責任**　　代理人として手形行為をした者が，実際には代理権を有していない場合が，無権代理である。この場合には，本人が追認したり，表見代理の成立が認められるという場合を除いては，当然に本人の手形上の責任は認められない。無権代理である旨は本来物的抗弁としてすべての手形所持人に対して対抗できる。他方，手形上の記載によれば，無権代理人は本人のために手形行為をしているのであるから，代理人自身にその意思に基づく手形上の責任を負わせることはできないはずである。そうなると，この手形によりなんぴとも責を負わないことになりそうだが，それでは，この手形を有効な代理行為によるものと信じて取得した者が損害を被ること

になり，手形の流通性が害される。したがって，手形法は，手形流通の安全のため，代理権限なしに代理人として手形に署名した者は，自ら手形上の責任を負うと規定する（手8条1文）。この責任は流通保護のために認められたものである。それは，代理人と称する者があたかも本人が手形上の責任を負うような法的外観を惹起せしめたことに基づく法定の担保責任であって，無権代理人の意思に基づく責任ではない。なお，この規定の趣旨に照らせば，善意の手形所持人だけが保護され，不知である限りは，重過失がある場合にも保護されると解される。

無権代理人の責任は，本人に対し表見代理の成立に基づく表見責任を追及することができる場合にも，依然として存在する（通説，最判昭33・6・17民集12巻10号1532頁）。

無権代理人の負う責任の内容は，代理人の代理権があったとすれば本人が負担するはずであった手形上の責任である。本人が約束手形振出人であれば，振出人として絶対的責任を負い，本人が裏書人であれば，遡求権の保全を条件として遡求義務を負う。他方，無権代理人が手形所持人に対し対抗できる抗弁としては，本人が所持人に対して対抗しえたはずの抗弁，および，無権代理人自身が所持人に対抗できる抗弁があげられる。

(2) **無権代理人の権利**　無権代理人が手形法8条に基づいて手形上の責任を履行した場合には，本人が手形を受け戻したときに有することができたはずの権利と同一内容の権利を有する（手8条2文）。したがって，裏書人として手形を受け戻した無権代理人は，自分の前者に対して再遡求権を行使したり，または，約束手形振出人に対して権利行使できる。他方，手形債務者はこの者に対し，無権代理人に対して有する抗弁および本人に対して対抗しえたはずの抗弁をもって対抗できる。手形債務者の法的地位は，代理人が代理権なしに行為したということによって悪化されてはならないからである。

(3) **越権代理の場合**　手形行為につき代理権を与えられている者が，その権限を越えて行為する場合（越権代理）についても，同様に手形法8条は適用される（手8条3文）。この場合には，所持人の権利行使の便宜を考えると，まずもって，代理人は全部的責任を負うべきである。しかし，それだけでなく，本人も権限を付与している部分については当然に責任を負うべきで

ある。そこで，手形金全額を支払った代理人は，本人に対し本人の負担すべき部分について償還請求できると考えられる。

　(4) 無権代理の追認　　無権代理行為によって本人は原則的に責任を負わないが，本人がこの行為を追認すれば手形上の責任を負う。追認により，無権代理行為がなされた初めに遡って有効な代理行為がなされたと同様の効果が生ずる（民116条）。

□4　手形行為の表見代理・表見代表

　無権代理による手形行為によって，原則的に本人は手形上の責任を負わないが，代理権・代表権について信頼した善意の第三者を保護するために，表見代理等の表見法理の適用が認められる。

　(1) 民法上の表見代理　　無権代理人によってなされた手形行為については，民法109条・110条・112条により，第三者が代理権につき信頼し，かつ，そのように信頼したことに過失がない場合（善意・無過失の場合）には，本人は信頼した第三者に対して代理権を付与している場合と同様の手形上の責任を負うことになる。

　以上の諸規定による表見代理の成立に関しては，それにより保護される「第三者」の範囲について争いがある。通説は，これらの諸規定を手形行為に適用するにあたっては，手形流通保護のためにこの第三者には，直接の相手方だけでなく，その後の取得者も含まれると解すべきであるとする。これに対して，判例は，手形行為に関しても第三者とは直接の相手方を意味するとする。直接の相手方において表見代理の要件が備わっていることが必要であって，それが充たされていないときには，たとえその後の手形取得者において要件を具備しても，本人は手形上の責任を負わないとしている（最判昭36・12・12民集15巻11号2756頁，最判昭52・12・9金判541号3頁）。

　直接の相手方に対して表見代理の要件が充たされ，本人が手形上の責任を負うべき場合には，その後の取得者に対しては善意・悪意を問わずに常に責を負うことになるとするのが通説・判例（最判昭35・12・27民集14巻14号3234頁）である。後者である取得者は，善意の前者が有している手形上の権利を

裏書により承継取得するからである。

　判例の立場によると，直接の相手方について表見代理が成立しないと，その後の取得者は常に保護されないことになってしまう。しかし，直接の相手方について表見代理が成立しない場合に，その後の取得者において代理権限に対して信頼するというケースは実際にはあまり考えられないであろう。

　(2) 会社法上の表見代表　　支店長などの営業所における営業の主任者であることを示す名称を付した使用人は，実際には，支配人に選任されていない場合にも，支配人と同一の権限を有しているものとみなされ（会社13条），これを表見支配人という。表見支配人が企業主のために手形行為の代理をした場合には，実際には代理権のないときにも，企業主は善意かつ無重過失の手形取得者に対して手形上の責任を負う（会社13条）。

　通常，株式会社の手形行為は，代表権を有する代表取締役が，会社を代表して行う方式によって行われる。ところで，社長，副社長，その他専務取締役等の会社を代表する権限を有するものと認められる名称を付した取締役が，会社を代表して行った手形行為については，実際にはその者に会社代表権がない場合にも，会社は手形上の責任を負わなければならない（会社354条，さらに会社421条）。このような者を表見代表取締役という。これらの規定により保護されるのは，表見代表取締役が実際には代表権を有さないことについて悪意・重過失なき手形取得者である（最判昭52・10・14民集31巻6号825頁）。

　(3) 機関方式の手形行為　　手形行為は代理方式によるだけでなく，他人により機関方式によってもなされうる。機関方式の手形行為というのは，通常の代理方式と異なり，他人が自己の名を何ら手形上に表示することなく，直接本人名義で記名捺印をする方式である。その第1としては，その他人が本人の指図に従ってその機関として（手足として）なす場合（固有の代行の場合）がある。この場合には，本人から代行権限が授与されている。第2としては，その他人が権限を与えられて自己の決定に従って手形行為をする場合（実質上の代理であり，代理的代行といわれる場合である）である。

　以上のいずれの場合も，手形の記載を外形からみれば，本人自らの記名捺印による手形行為しか存していない。確かに，外形は代理方式と一致しないが，しかし，内実の関係においては代理関係またはそれに類似した代行関係

が存するから，有効な代理（代行）関係が存在する限りは，当事者間およびそれを知る者との間では代理関係に基づく法律関係を認めることができる。

　無権限者が機関方式で手形行為をする場合に関して，判例は，上に述べた以上に論を進めて，機関方式による手形行為を代理による手形行為の一方式ととらえたうえで，無権代理の場合と同様に本人の追認を認め，また，表見代理の規定により善意の手形取得者に対して，本人の手形上の責任を認めている（この問題に関しては，Ⅵ3で後述する）。

Ⅴ　手形行為と商号使用の許諾

□1　商号の貸与

　不渡手形を出して銀行取引停止処分を受けた者が，他の者の商号を借りて手形を振り出すといった事例がある。この場合に，手形行為者は，他の者の商号を使用しているわけだが，その商号を自分自身を表示するために用いているのだから，すべての手形取得者に対して，この者が手形上の責任を負うべきは当然である。しかし，この場合に，商号を貸与（名義貸し）した者にも手形上の責任を負わせるのが適当な場合があるのではないかという問題がある。確かに，名義貸人には自ら手形行為をする意思は欠けているが，名義貸人自身の手形行為であると信頼して手形を取得する者に対して，手形上の責任を負うべきではないかと考えられる。

□2　名板貸人の責任

　手形行為に関する商号の貸与者の責任については，会社法9条，商法14条の規定する名板貸人の責任が問題となる（図-7参照）。事業または営業について自己の商号の使用を許諾する場合には，手形行為は事業または営業上の行為中に含まれると解されるから，手形行為に関しても，会社法9条，商法14条が適用されて，名義借人のなした手形行為について，名義貸人は，悪意・

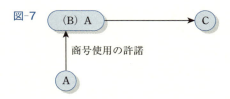

図-7

重過失なくして名義貸人を営業主であると信頼して手形を取得する者に対して手形上の責任を負う（最判昭42・2・9判時483号60頁）。

手形行為をすることについてだけ商号使用の許諾がある場合に関しては，名義貸人が会社法9条，商法14条により手形上の責任を負うか否かに関して争いがある。判例（最判昭42・6・6判時487号56頁）および有力説によれば，会社法9条，商法14条の名板貸しに基づく責任は，事業または営業を行うことについて商号の使用許諾をする場合に限られる。この立場によれば，これらの規定にいう「事業または営業を行う」とは事業を営むことを指すのであり，単に手形行為をなすことはその「事業または営業を行う」という語の中には含まれないとして，その適用は否定される。

上記の判例・有力説の見解による場合にも，名義貸人は，商号使用許諾に基づき名義借人のなした手形行為によって，あたかも自らが手形行為をしたような外観を作り出しているから，取得者がその外観に信頼して手形を取得したのであれば，外観法理の適用により，名義貸人は善意の手形取得者に対して手形上の責任を負うべきである。

VI 手形の偽造

□1 偽造の意義

手形の偽造とは，他人の手形署名を偽って手形行為をなし，あたかもその他人が手形行為をするかのような外観を作出することを意味する（図-8参照）。手形の偽造は，他人の署名（自署）をまねたり，他人の印章を模造して

図-8　A振出しの手形を偽造

記名捺印をして行う場合だけに限られない。むしろ，他人から預かった印章を勝手に利用したり，または，他人の印章を盗用するという形で行われる場合が多い。これを特に機関方式の偽造と呼ぶ。手形の偽造に関して問題となるのは，善意で偽造手形を取得した者の保護である。特に，被偽造者の責任と偽造者の責任とが検討される必要がある。

□2　被偽造者の責任

　手形の偽造の場合に，名義を冒用された被偽造者は，自らは何ら有効な手形行為をしていないから，まったく手形上の責任を負わないのが原則である。しかし，今日，判例・学説は，機関方式の偽造に関して表見代理の規定の類推適用により，被偽造者が手形上の責任を負う場合があるとしている。

　会社の使用人が会社名義の手形を偽造した場合には，被偽造者である会社に手形上の責任が否定される場合であっても，民法715条により不法行為に基づく使用者責任が問われうる。被偽造者に対する手形金請求訴訟の実際においては，予備的請求原因として使用者責任に基づく損害賠償の請求が主張されることが多い。

　民法の規定によると，無権代理行為については本人の追認が認められ，それは遡及的効力をもつが（民116条），無効行為については，追認は認められない（民119条）。そこで，偽造の手形行為については，被偽造者による追認が認められないことになりそうである。しかし，有効な手形行為の存在に対して信頼した第三者を保護する必要があるから，偽造の手形行為を追認により遡及的に有効な自己の手形行為として認める被偽造者の意思を有効としてさしつかえなく，被偽造者による追認を認めるべきである（最判昭41・7・1判

時459号74頁)。

□3 機関方式の偽造

　わが国における手形の偽造は，実際には，機関方式の偽造に該当する場合がきわめて多い。手形偽造に関する最も重要な論点である。

　かつて，判例は，無権限者が機関方式で手形行為をする場合に関して，機関方式による手形行為を代理の一方式であるととらえたうえで，当該無権限者が本人のためにする意思を有していたか否かに応じて，具体的事例により，無権代理にあたるか偽造にあたるかを判断する立場をとっていた（大判昭8・9・28民集12巻2362頁，大判昭8・9・28新聞3620号7頁）。これにより，無権代理にあたるとされれば，表見代理の規定の適用による本人の責任負担および追認が認められ，偽造にあたるとされれば，被偽造者は責任を負わず，偽造者の責任のみが問題となる。

　これに対して，学説は，このような場合すべてを手形行為の書面行為性を理由として偽造と解する。手形行為の内容，性質にとっては，手形の書面行為性により，手形上の記載が決定的であり，特に，手形行為の実質的な関係について知らない第三者との関係では，この者の保護は手形の外形に従って図られるべきである。したがって，この無権限者の機関方式による手形行為にあっては，他人によって作り出された，本人がしてはいない記名捺印だけが存在するだけであって，それは，その他人による偽造の手形行為にあたると解すべきである。

　学説は，この手形行為を偽造と解する一方で，機関方式の偽造の場合には，被偽造者は表見代理の規定によって責を負うとして取得者の保護を図る見解が多い。

　その後の判例（最判昭43・12・24民集22巻13号3382頁）は，前述の基準による区分では偽造に該当する事案についても，表見代理の規定の類推適用を認める。すなわち，「約束手形振出しが本人から付与された代理権の範囲を越えてなされたものであり，かつ，手形受取人において右無権限者が本人名義で手形を振り出す権限ありと信ずるについて正当な理由がある場合には，本

人は，民法110条の類推適用により振出人としての責任を負う」と判示した。したがって，被偽造者から偽造者に対し何らかの代理権または職務権限が授与されていて，かつ，手形取得者である直接の相手方が手形行為者の代理権限または代行権限について信頼している場合には，表見代理規定の類推適用の要件が充たされることになる。今日では，表見代理に基づく手形上の責任負担を認める判例にとって，無権代理か偽造かの区分は意義を失っている。

　上記の判例および学説の表見代理規定の類推適用という見解に対しては，その適用要件の面で疑問が指摘されている。すなわち，機関方式の手形行為の場合には，代理による旨は手形面上何ら表示されていないから，手形取得者の信頼は一般的に，手形行為者の代理（代行）権限には向けられていない。手形取得者の信頼は，当該偽造者に代理・代行権限があって手形行為がなされているのか，あるいは，他の正当な権限者によって手形行為がなされているのか，いずれにせよ，権限のある者により記名捺印がなされたということにある。したがって，相手方である手形取得者の信頼は必ずしも行為者の代理・代行権限にはないのである。

□**4　偽造者の責任**

　手形法上には「署名なければ責任なし」という原則がある。これに従えば，手形偽造者は手形上に自己の署名をしていない（自己の名義を表示しているわけではない）から，偽造者本人には手形上の責任が否定され，単に不法行為に基づく損害賠償責任を負うにすぎないとなりそうである。かつての通説はまさにそのように解していたが，それは結果として不当である。そこで，現在の判例・有力説は手形偽造者に手形上の責任を負わせる。

　判例（最判昭49・6・28民集28巻5号655頁）は，手形偽造者は，手形法8条の類推適用により手形上の責任を負うとする。その法的根拠は，手形法8条による無権代理人の責任は，責任負担のための署名による責任ではなく，名義人本人が手形上の責任を負うかのように表示したことに対する担保責任であると解すべきところ，手形偽造の場合にも，名義人本人の氏名を使用することについて何らの権限のない者が，あたかも名義人本人が手形上の責任を

負うかのように表示する点においては，無権代理人の場合と変わりがないということに求められている。

　偽造者に対し手形法 8 条の類推適用により手形上の責任を負わせる上記見解は支持してよい。手形法 8 条による無権代理人の責任の根拠は，その者が自らの行為によってあたかも自分が代理権を有するがごとき外観を，すなわち，本人が責を負うかのような外観を生じさせたことに基づいて，代理権の存在に対して信頼した者を保護するための担保責任であることに求められている。その責任は，無権代理人の意思に基づく責任ではなく法定責任である。そうであれば，無権代理人の場合と同様に，偽造の場合にも，無権限者が他人の名義を冒用して，あたかも名義人本人が手形上の責任を負うかのような表示をなしているのだから，その外観に対する取得者の信頼は保護されるべきであって，8 条の類推適用によって表示の真実性に対する担保責任を負わせるのが適当である。したがって，偽造者の負う責任は意思に基づく責任（法律行為に基づく責任）ではなく，法定責任であるから，「署名なければ責任なし」の原則は適用されない。

　以上のように解すると，偽造者の責任は，その者の外観惹起に基づくものと理解されるから，手形偽造者は悪意の取得者に対しては，手形法 8 条の類推適用により手形上の責任を負わない（最判昭 55・9・5 民集 34 巻 5 号 667 頁）。なお，この責任は自らの偽造行為に基づくものであるから，取得者の重過失による不知は偽造者の責任を排除しないと解すべきである。他方，善意の取得者からさらに手形を偽造であることを知って取得する悪意者に対しては，偽造者は責任を負わないと解する。

　学説中には，偽造者の責任の法的根拠を別に求める見解がある。すなわち，この場合には，自己を表示するためにこの他人の名義を用いて，偽造者自身が自らの手形行為をしているとみることに根拠を求める見解がある。しかし，このように偽造者自身の手形行為に基づいて責任を負わせようとする見解は，偽造者自身の主観的意図をまったく無視しており，きわめて技巧的であって，支持することはできない。

VII 手形の変造

□1 変造の意義

手形の変造とは，無権限者によって手形上の文言，すなわち，手形上の記載内容が変更されることをいう。変造の方法には，記載事項の付加，変更，塗り潰し，削除等がある。記載内容の変更によって手形要件が欠けてしまって，形式上有効な手形が存在しなくなるときは，特に手形の抹消と呼ばれ，変造と区別される。変造は記載内容の変更だから，他人の手形署名を偽って手形行為をする偽造とは区別される。

□2 変造の効果

手形法69条により，変造後の署名者は，変造された後の現文言に従って手形上の責任を負う（図-9参照）。変造後の署名者は，変造後の現文言を自己の意思表示の内容として手形行為をしているからである。これは手形行為独立の原則の一つの現れである。変造者自身が変造をしたうえで署名するときも同様である。他方，変造前の署名者は変造前の原文言に従って手形上の責任を負う。それは，原文言がこの署名者の手形行為の内容をなしているためである。また，手形上の権利と手形証券との結合関係は，もっぱら権利の流動化という手形制度の目的実現のためであり，その有する意義もこの範囲にとどまるから，いったん有効に成立した手形上の権利は，手形証券を離れても存在できるのであって，この有効に成立した手形債権・手形債務は権限のな

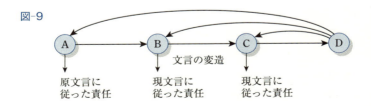

図-9

い者が記載を変更することにより変更，消滅させられることはないからである。けれども，変造前に署名した者であっても，記載の変更に同意したり，協力した者は，変造後の文言に従って責を負う。ただし，変造前の取得者に対しては，変造前の文言に従って責を負う。

そこで，満期について変造がある場合には，変造前の署名者に対する手形上の請求権の消滅時効は，変造前の本来の満期日から進行することになり（最判昭55・11・27判時986号107頁），変造前に署名した裏書人は，変造前の満期を基準として遡求権保全手続がとられていることを条件としてのみ遡求義務を負う（最判昭50・8・29判時739号97頁）。

判例（最判昭49・12・24民集28巻10号2140頁）は，約束手形の受取人名が別人に変更された後に，順次連続した裏書により所持人にまで移転されている事案に関して，手形法69条の規定は，「手形の文言が権限のない者によりほしいままに変更されてもいったん有効に成立した手形債務の内容に影響を及ぼさない法理を明らかにしたものであるにすぎず，手形面上，原文言の記載が依然として現実に残存しているものとみなす趣旨ではない」として，裏書の連続は形式的に判断され，受取人欄の変造があっても裏書の連続性は害されないとしている。これは正当であり，広く支持されている。

なお，手形所持人と手形債務者との間に支払猶予の合意が成立し，手形上の満期の記載が変更されたが，すべての手形当事者の間に合意が成立しているのではない場合には，有効な満期の変更があるとはいえず，満期についての変造があり，単に手形外で支払猶予の合意が存するにすぎないと解すべきである。

□3　変造前署名者の現文言に従った責任

上述のように，手形法69条によれば，変造前の署名者は変造前の原文言に従って責を負う。このことはなんぴとに対しても主張できる事柄（物的抗弁事由）であり，所持人の善意・悪意を問わずに対抗できる。しかし，近時，善意の手形取得者の信頼保護の見地から，変造前の署名者も変造後の文言に従って責を負うべき場合があるのではないかと主張されている。この責任負担

の理論的根拠は，権利外観理論に求められる。

　上記のような責任を負うべき場合としては，たとえば，金額を記入するにあたって，頭につける「¥」や「金」の文字と金額の数字との間に余白を残したり，または，チェックライターや漢数字によらないでアラビア数字で記入するなど，不用意な方法で記載したために，記載の改ざんを容易にした場合があげられる。この者は，変造前の署名者であっても，変造の事実を判別できない善意の（悪意・重過失なき）第三取得者に対して，変造後の文言に従って責を負うべきと考えられる。

□4　変造者の責任

　変造者は，自らが手形上に署名をしている場合には，変造された文言に従って手形上の責任を負う。署名をしていない場合には，偽造者と同様に，手形上の責任を負わないとするのが通説である。しかし，前述のように，偽造者に対して手形法8条の類推適用により手形上の責任を負わせる見解が判例および有力説によりとられている。偽造の場合にならって，変造の場合にも，手形文言の変更権限者の名義の冒用があるものとみて，手形法8条を類推適用すべきである。

第 4 章
約束手形の振出し

I 約束手形の記載事項

□1 手形・小切手要件

　手形・小切手行為は，手形・小切手上に法定の要件を充たす記載がなされることによって成立する（書面行為性）。すべての手形債権者，債務者および取得者にとって，手形上の記載内容は，その権利義務関係上重要な意義をもっている。そこで，手形行為は一定の法定の要件を充たさなければ有効に成立せず，法定の記載事項のいずれかを欠く手形行為は原則的に無効である（厳格な要式行為性）。この不可欠な法定の要件（これを**必要的記載事項**という）は，手形法上有効とみなされる手形行為の基準的類型を構成しており，これと比較をして，ある書面行為が手形行為としての効力を有するか否かが評価される。この評価にあたっては外観解釈の原則が適用され，手形・小切手の有効性は，手形証券，手形上の記載に従って決まる。これは手形の文言証券性の一つの現れである。

　手形行為の有効な成立の要件である必要的記載事項のほかに，手形上には，法が定める基準的な手形行為の内容を補充したり，変更するための記載が付加されることも多い（これを**任意的記載事項**という）。付加的記載事項は，形式的に有効な手形の存在を前提とする**有益的記載事項**（これを**任意的記載事項**ということも多い）と**無益的記載事項**，および，手形の形式的有効性にかかわる**有害的記載事項**とに分けられる。法は一定の有益的記載事項，無益的記載事項，有害的記載事項について定めている。

　以上のうち，手形上の効力を有している記載である必要的記載事項および

有益的記載事項は，手形権利義務関係の内容を確定する効力を有し，すべての手形行為者，手形取得者がその記載を具体的に認識したか否かは問題にされる余地はない。他方，無益的記載事項は，手形行為者，手形取得者によって事実的に認識される可能性があるけれども，手形上の効力はなく，「記載せざるものと看做」される。有害的記載事項は，その記載が効力を有さないだけでなく，手形自体を無効にしてしまう。

　前述のように，手形上の記載の意味内容の解釈は，客観的基準によってなされなければならない（客観解釈の原則）。そこで，手形上の記載は社会通念に従って合理的に理解されるべきである。したがって，手形証券上の記載が手形上の効力を有するためには，手形取引において手形取得者に対して通常的に要求される理解力（認識力）に対応した明瞭性を文言的に有していなければならない。

2　約束手形の必要的記載事項

(1) 総説　　約束手形にかかる法律関係は，振出しによって作成された手形の記載を内容的基礎としてその上に次々と展開されていく。この振出しにより作成された手形を特に基本手形という。基本手形には法定の要件を充たす記載がなされなければならず，手形要件である記載事項，すなわち，必要的記載事項を1つでも欠くときには，原則的に，約束手形としては無効となってしまう（手75条・76条1項）。ただし，手形法は，重要度の低い記載事項については，それが欠けるとき，他の記載による補充を認めて，手形の無効の救済をしている（手76条2項・3項・4項）。

　約束手形の振出しにあたっては，通常，振出人は手形記載事項をすべて自分で記載してから受取人に手形を交付するが，ときには，記載事項の一部を振出し後に手形所持人に記載させるために記載しないでおく場合がある。このような手形を白地手形という。手形法の原則に照らせば，白地手形は未完成な手形であって，本来は無効な手形であるが，実際取引の需要に基づいて，手形法上，完成した有効手形と一定程度同視して取り扱うことが認められている。統一手形用紙では，いくつかの手形要件はあらかじめ印刷され，他の

要件の記載欄が設けられているので、そこに記入がない場合には、原則的に白地手形として取り扱われる（後述71頁以下）。

以下順次、必要的記載事項を説明する。

(2) 約束手形文句（手75条1号）　約束手形には、証券中にその証券の作成に用いる言語をもって、約束手形なることを示す文句（約束手形文句）を記載することを要する。「証券の文言中に」とは、本文中に記載すべきことを意味する。統一手形用紙中では、印刷された支払約束を示す文章中に約束手形文句が記載されている。

(3) 手形金額（手75条2号前段）　手形金額の記載は一定していなければならない。この金額の一定性の要求は、手形流通と手形取引の円滑化の要請に基づく。したがって、「100万円ないし150万円」という記載や、「100万円または200万円」との記載は、金額の一定性に反しており無効である。

全国銀行協会制定の手形・小切手用法は、金額の記載につき、所定の金額欄に、アラビア数字で記入するときは、チェックライターを使用し、金額の頭には¥を、終りには※または★を印字して行い、金額を文字で記入するときは、文字の間をつめ、漢数字を使用し、金額の頭には金を、終りには円を記入して行うようにと規定している。

この手形・小切手用法は、さらに、金額について、「文字による複記はしないでください」と規定する。しかし、実務上は、手形金額の改ざんを防止するなどの目的で、金額欄に記入したうえで、さらに欄外に重複して記載される場合がある。手形法6条1項は、重複して記載された手形金額に差異があるときに、手形金額の不確定のため手形が無効となるのを救済する趣旨で、文字および数字をもって重複して記載されている場合には、数字よりは慎重に記載され書き誤りを生ずるのが少ないと考えられる文字による記載をもって手形金額とみなしている。また、6条2項は、手形金額が文字をもってまたは数字をもって重複して記載されている場合には、手形債務者に有利に最小金額をもって手形金額とみなしている。上記規定は法的取扱いを明確化して、それにより手形取引の安全性、迅速性を確保している。なお、銀行の当座勘定規定上では、複記のいかんにかかわらず、また、文字、数字のいずれによるかを問わず、所定の金額欄の記載によって取り扱うとされている（同

規定6条）が、手形法の上では、所定の金額欄に記載された金額が当然に優先的意義を有しているというような関係はまったくない。また、上記6条にいう数字とはアラビア数字を意味し、文字とは全部数字で記載したもの以外を指し、「壱百万円」、「百万円」、「一〇〇万円」、「100万円」などの記載は、文字をもって記載された金額にあたる。

　最判昭61・7・10民集40巻5号925頁は、金額欄に「壱百円」と文字で記載され、その上段に「¥1,000,000-」と記載されている約束手形の手形金額は、100円が手形金額としてはほとんどありえない低額であり、かつ、この手形に100円の収入印紙が貼付されているとしても、100円と解すべきであると判示した。本判決は、手形法6条1項は厳格に適用されるべきものと明言して、百円の記載は百万円の誤記であって手形金額は100万円であるとした原審判決を退けた。

　手形法6条の適用という面では、上記百円の手形金額の記載を誤記と解して同条1項の適用を排除することはできない。なぜなら、手形法6条の趣旨は、そもそも手形金額の重複的記載に誤記のあることを前提として、その場合についての一律で画一的な取扱いを規定することにあるからである。それに対して、意図的に重複して相違する金額記載がなされる場合は、本来、手形を無効とすべき場合にあたり、6条は誤って相違する金額を重複的に記載した場合にこの結果を回避しようとするものである。6条は、単に「推定ス」とせずに、「手形金額トス」と規定するが、それは単なる解釈規定ではなくて、反証することのできない推定または強行的な解釈規定であると解される（大隅健一郎＝河本一郎・注釈手形法・小切手法（1977年、有斐閣）36頁）。

　(4) 単純なる支払約束文句（手75条2号後段）　**単純な支払約束**というのは、支払約束の効力を手形外の事実にかからしめないことをいう。手形の流通力強化のために、手形行為は単純でなければならず、条件を付してはならないのが原則である。単純性に反する支払約束は、支払いの確実性および手形の流通性を害するため、約束手形の振出し自体を無効とする。たとえば、「売買目的物を受領したときに」支払うとか、「目的物の引渡しと引換えに」支払うといった支払約束は、単純性に反する。

　(5) 満　期（手75条3号）　満期は満期日または支払期日ともいわれ、

手形上に記載された手形金額の支払いのあるべき日をいう。実際に手形金の支払われるべき日である「支払ヲ為スベキ日」（手77条1項3号・38条1項）とは区別される。満期が法定の休日にあたるときは，これに次ぐ第1の取引日が支払いをなすべき日に相当することになる（手77条1項9号・72条1項）。

満期の種類は，手形法33条1項に規定するものに限定され，それと異なる満期や分割払いの手形は無効である（手77条1項2号・33条2項）。

(イ) **確定日払** 確定日払手形とは，平成30年10月1日のように，特定の日を満期にする手形であり，最も一般的なものである。

暦日として存在しない9月31日や平年における2月29日を満期とした手形は，無効と解すべきでなく，表示の社会通念に従った合理的な解釈により，いずれも9月末日，2月末日を満期とする有効な手形と解される（2月29日の満期の手形を2月末日を満期とする有効手形とする判例として，最判昭44・3・4民集23巻3号586頁）。

振出日よりも前の日（不能の日）が満期として記載された手形は，手形要件の記載相互の間に矛盾があるため，外観解釈の原則に基づき，一般にこれを無効と解すべきである（最判平9・2・27民集51巻2号686頁）。

(ロ) **日付後定期払** 日付後定期払手形とは，振出日付から，手形に記載された一定期間を経過した日を満期とする手形である。「日付後3カ月」とか，「日付後6カ月」というように記載する。したがって，満期日が計算できるから，実質的に確定日払と異ならない。手形法は期間の計算に関して規定をおいている（手77条1項2号・36条・77条1項9号・72条2項・73条）。

(ハ) **一 覧 払** 一覧払手形とは，一覧の日，すなわち，手形所持人が支払請求のために手形を呈示した日を満期とする手形をいう。

満期の記載なき約束手形は一覧払手形とみなされる（手76条2項）。しかし，振出人が所持人に白地補充権を授与して，後日所持人をして満期日を補充させるつもりで満期を記載せずに振り出す場合には，白地手形と認められ，一覧払手形と解すべきではない。統一手形用紙の「平成　年　月　日」との支払期日欄に記入することなく振り出された場合に，当事者の白地補充権授与の有無が不明であるときにも，満期白地の手形と認めるべきである（大判昭11・6・12新聞4011号8頁，大判昭18・4・21新聞4844号8頁参照）。本手形を取

得する者は，これを白地手形と信頼して取得することができる。ただし，この手形は一覧払手形とも白地手形ともいずれとも解釈できるのだから，所持人はその選択によりいずれの手形としても取り扱うことができると解され，白地を補充しないまま一覧払手形として手形金を請求することもできる。

　㈢　**一覧後定期払**　　一覧後定期払手形とは，手形所持人が一覧のために手形を呈示した後，手形に記載した期間を経過した日を満期とする手形である。

　(6)　支　払　地（手75条4号）　　支払地とは，支払いをなすべき地であるが，支払場所とは区別される。支払場所は支払地の中にあるより狭い限定された支払いのなされるべき場所である（手4条参照）。

　支払地というのは満期において支払いをなすべき地であるから，支払呈示期間中以外の，満期前および支払呈示期間経過後においては，支払地の記載の効力は及ばないと解される。したがって，振出人に対する請求は，支払地の内外を問わずに，振出人の営業所・住所において行うべきである。

　支払地としては，最小独立行政区画を記載することを要する。最小独立の行政区画とは，市，町，村であるが，特別区である東京都の区については，東京都何々区と記載する必要がある。

　実際には，約束手形にあっては，統一手形用紙上に，当該用紙を交付している振出人の取引銀行の店舗名が支払場所として印刷され，かつ，その所在地が支払地として印刷されている。

　(7)　受　取　人（手75条5号）　　受取人とは，支払いを受けまたは裏書により支払いを受ける者を指示する者をいう。

　為替手形にあっては，振出人は自己を受取人として振り出すこと（自己指図手形）ができる（手3条1項）が，約束手形にあっては，このような資格兼併を認める必要はなく，振出人が自己を受取人とする手形は無効である。

　(8)　振　出　地（手75条6号）　　振出地とは，手形上に手形が振り出された地として記載されている地をいう。

　支払地と同様に，最小独立行政区画を記載すべきである。統一手形用紙では，振出地は振出人の住所と兼ねて記載するようになっている（手76条4項参照）。

　(9)　振　出　日（手75条6号）　　振出日とは，手形上に手形が振り出され

た日として記載されている日をいい，実際に振り出された日を意味せず，また，実際に振り出された日を記載すべき必要はない。

振出日の記載は，日付後定期払手形にあっては，その記載により満期が計算により確定され，また，一覧払手形および一覧後定期払手形にあっては，その記載により支払呈示期間が決まる（手77条1項2号・34条・78条2項・23条）。これに対して，確定日払手形にあっては，振出日の記載は上記のような手形の権利内容を確定する実質的な意味を有してはいない。そこで，一部の学説は，確定日払手形の振出日の記載についてその手形要件性を否定する。しかし，手形法はその1条および75条で，手形の満期の種類を問わずに一律に手形要件を定め，手形法2条・76条は，その要件を欠く手形は原則的に無効である旨を明定しているから，確定日払手形の振出日の記載も手形要件である（要件性を肯定する判例として，最判昭41・10・13民集20巻8号1632頁，最判昭58・3・31金判670号3頁。小切手の振出日に関して，最判昭61・11・7金判759号17頁）。

(10) 振出人の署名（手75条7号）　約束手形を振り出して手形金額の支払いを約束する者が，自らの意思に基づいて，自署することにより，または，記名捺印の方法（手82条）によって行うことを要する。

□3　任意的記載事項

手形法はいくつかの有益的記載事項を法定している。

(1) 有益的記載事項

(イ) **法定の有益的記載事項**　手形法によって規定されている有益的記載事項の例として以下のものがある。

① **利息文句**（手77条2項・5条）　手形金額に対して所定の利率により利息を付して支払う旨を約する記載である。利息文句は確定日払手形および日付後定期払手形には付けることはできず，一覧払手形および一覧後定期払手形についてのみ認められる。前2者については振出しにあたって満期までの利息額を計算して手形金額に加えればよいからであり，記載したとしても，記載しないものとみなされてしまう（手5条1項）。利息文句の記載には利率

をも付記する必要があり，その記載がないときには，利息の約定の記載全体が記載なきものとみなされる（手5条2項）。

② 第三者方払文句（手77条2項・4条）　約束手形の振出人は，その住所地以外の指定した場所において自分で支払う趣旨で当該場所を記載することもできるし，第三者によってその住所で支払いをしてもらう趣旨で当該第三者を記載することもできる。前者の場合が文字どおりの支払場所の記載であり，後者の場合は支払担当者の意味での支払場所の記載である。

支払場所は，支払地として記載された地域の中にある特定された地である必要がある。実際には，統一手形用紙には，振出人が支払事務処理を委託している取引銀行の店舗名が支払場所として印刷されており，その所在地が支払地として印刷されている。

③ 裏書禁止文句（手77条1項1号・11条2項）　手形の本質に照らして，手形の譲渡性を全面的に排除することはできないが，振出人は裏書による譲渡を禁止することができる。このような趣旨の指図禁止の文句またはこれと同一の意義を有する文言の記載が裏書禁止文句・指図禁止文句であり，そのような手形を裏書禁止手形または指図禁止手形という。この文句の記載があるときには，手形は民法の債権譲渡に関する方式に従いかつその効力をもってのみ譲渡できるにすぎないから，この譲渡には人的抗弁の制限の法理（後述105頁以下）は適用されない。振出人が裏書禁止文句を記載する意図は受取人に対するすべての抗弁の確保，すなわち，後者に対しても対抗できる可能性を確保することにある。反面，裏書禁止文句の記載は当該手形の流通力を減少させることは明らかである。

指図禁止文句としては，ほかに，「裏書禁止」，「裏書譲渡禁ず」，「第三者への譲渡は一切認めません」，「甲殿に限り支払うものとする」といった記載，さらには，「甲殿限り」という記載（最判昭56・10・1金判637号3頁）でも十分である。なお，統一手形用紙に印刷された指図文句を抹消することなく，指図禁止文句を記載したために，手形面上に指図文句と指図禁止文句とが併存する形になっている場合には，指図禁止文句が優先すると解される（最判昭53・4・24判時893号86頁）。

他に，④　振出人の肩書地（手76条4項），⑤　振出人の住所地（手76条3項）

などがある。

　(ロ)　**その他の有益的記載事項**　　手形法の規定の趣旨に基づく有益的記載事項として，以下のものがあげられる。

　① 　為替手形振出人，裏書人の担保責任を一部に制限する旨の記載　　担保責任を全面的に排除できることから（手9条2項・15条1項），当然にこの記載も有益的記載事項といえる。

　② 　振出人が一部の裏書性を奪うこと（裏書の相手方の制限，期間を限っての裏書禁止）　　指図禁止文句が許されることから，当然に可能である。

　③ 　約束手形振出人の拒絶証書作成免除文句　　遡求義務者である為替手形振出人，裏書人および保証人は，拒絶証書作成免除文句を記載できる（手46条1項）。このうち，為替手形振出人は，自己の遡求義務についてだけでなく，全手形署名者の遡求義務についても作成を免除できるのだから（手46条3項），この免除文句の効力は単に振出人が遡求義務者であることだけに基づくのではなく，この者が手形作成者であることにも基づくと考えられる。したがって，約束手形振出人にも，免除文句記載の権限を認めてよい。

　拒絶証書作成免除文句は，統一手形用紙の裏書欄にはあらかじめ印刷されているから，通常は遡求の要件から拒絶証書の作成は除かれている。

　(2)　**無益的記載事項**　　無益的記載事項の例として以下のものがあげられる。

　① 　法定の無益的記載事項　　利率の記載のない利息文句（手77条2項・5条2項），為替手形振出人による支払無担保文句（手9条2項）。

　② 　記載しなくとも手形法の規定上当然に認められる事項　　古くからの慣用的文句である指図文句，引換文句など。

　③ 　記載されても本来的に効力のない事項　　資金文句，対価文句，通知文句などの実質的に手形上の効力の認められない記載である。資金文句，委託手形文句（手3条3項），および支払指図に付加される通知文句は，為替手形振出人と支払人との間の法律関係上意義を有するにとどまる。対価文句，担保手形文句（担保手形なる旨の文言）は，振出人と受取人の間の法律関係上の意義を有するにとどまる。

□4 有害的記載事項

有害的記載事項の具体例としては，分割払いの記載や，法定以外の満期の記載（手77条1項2号・33条），および，手形金の支払いに条件を付したり，支払いを反対給付にかからしめる記載などがあげられる。

II 白地手形

□1 総論

(1) 白地手形の意義　必要的記載事項の記載を欠く手形は無効である（前述59頁）。通常は，約束手形の振出人は，すべての記載事項を自分で記載して，手形を受取人に交付する。しかし，記載事項の一部を振出しの後で手形所持人に記載させるために記入しないでおく場合がある。このような手形を白地手形という。特に必要的記載事項を欠く場合には，本来その手形は無効であるが，白地手形であれば，未完成な無効な手形であるにもかかわらず，完成した有効な手形と一定程度同視して取り扱われる。なお，手形要件を完備したうえで，有益的記載事項について白地とする手形は，白地手形に準ずるものとして，準白地手形といわれる。

白地手形は実際の必要に応じて次のような形で利用されている。すなわち，たとえば，商品の継続的な供給取引において，一定期間を区切って商品代金を支払う必要性から，手形金額を記載しないで白地にして振り出す場合や，手形で金融を得ようとするときに，手形金額を白地にしておいたり，割引先の決まるまで受取人名を白地にしておく場合がある。さらに，将来成立する債務の支払担保のために手形を振り出す場合にも，満期を白地にしておくことがある。

以上のうち，手形金額，満期の白地は，手形所持人によって約束と違って勝手に不当な補充をされるおそれがあり，取引上はなはだ危険を伴う。白地手形の中で代表的なもので広汎に流通しているのは，受取人白地の手形と振

出日白地の確定日払手形である。金融界では，振出日から満期日までの手形期間（これを手形サイトという）が長い場合には，手形の信用性に疑問がもたれて，手形割引を受けるのに不利になる。そこで，振出日を白地にして振り出して，後日手形所持人が適当な日付を記入できるようにしておくことが広く行われている。

(2) **白地手形の特異性**　必要的記載事項を欠く白地手形は，未完成な手形であって，本来は無効な手形である。そこで，白地未補充のままでは，流通に関する取得者の保護（手77条2項・10条）の面を除いては，本来手形としての効力を欠いている。したがって，それにより主たる手形債務者に対して請求できず，また，この白地手形による支払呈示は無効である。白地手形は実際取引上の慣行・需要に基づいて法的に認容されるに至ったが，1930年のジュネーヴ手形統一法会議においては，白地手形の容認それ自体に対して多数の諸国が反対して，結局，白地手形に関する10条の排除の権限が各国に留保されるに至っている（第二附属書3条）。以上の事実と手形要件を定める1条・75条，および，その要件を欠く手形の原則的無効を定める2条・76条の存在とを考え合わせると，白地手形はあくまでも未完成な手形であって，白地補充前には法的にみて手形として無効であり，手形上の権利は発生しておらず，何らの手形上の権利も表章していないと考える。このような前提の下で，白地手形の流通という現実，流通の需要に対応して，その流通保護を図ろうとしたのが手形法10条である。

　手形法10条に関する立法者の意図は，第1に，白地手形の存在の認容にある。第2に，未完成な手形である白地手形が手形法的流通方法によって移転される可能性があることを前提として，流通保護，すなわち，白地補充権濫用の抗弁の制限を規定することにあった。後者の抗弁制限の点において，10条は17条の特則をなす規定であるといわれている。白地手形は未完成な本来は無効な手形であり，手形行為は未だ有効に成立してはいないけれども，白地手形関係というべき関係がその振出しにより発生している。そして，手形法上，権利関係が未だ確定していない未補充のままの間にも，白地手形は，流通の面においては，将来において権利が発生しうる関係を前提として，完成した有効な手形と同一視して取り扱われるのである。このことは，手形法

10条に法的根拠を求めることができる。すなわち，白地の補充により将来成立する可能性があるが，未だ存在しない手形上の権利が，一定範囲において権利として取り扱われる関係を認める商慣習を，手形法は10条により追認したわけである。

　白地手形に関する手形法の規定としては10条しかないため，一般に，白地手形に関する多くの点は判例・学説にゆだねられているといわれる。白地手形に関する理論は，法の規定による拘束が小さいと考えられるため，様々に展開されて方向性が定まらない。しかし，その中で手形法は上記の10条の立法趣旨に立ち戻って考察するのを要求していることを忘れてはならないだろう。

　記載の一部が欠けた不完全な手形が，方式を欠くまったく無効な手形と区別されて，白地手形と認められる決定的な基準は，白地手形の発行者が後にその白地を手形所持人に補充させるつもりであったこと，すなわち，白地補充権を手形所持人（受取人および将来の手形取得者）に授与していることである。白地手形にあっては，手形行為者は自己の意思により，自己の債務の成立の有無を後日における白地の補充にかからせているのであり，未完成手形を白地手形とする決定的な基準は，発行者の当該手形を白地手形として成立させる意思に，すなわち，白地補充権の授与に求められるのである。しかし，この点は，このような白地補充権の授与が不明確な場合に，補充権の授与の有無を知らないで手形を取得する者の保護という問題と区別して考える必要がある（後述 2）。

　白地補充権は，白地手形発行者と相手方との当事者間における手形外の契約によって授与され，発行者の補充権授与の意思は将来の手形所持人にも向けられる。そこで，白地補充権は白地手形とともに手形取得者に移転されていく（後述 2 (3)）。

　白地補充権は，白地手形と表裏一体の不可分な関係にあるものであり，白地補充権と切り離された白地手形を考えることは通常困難である。白地手形の実際的意義も，白地補充権との通常的一体性においてこそ認められる。したがって，一般に，第三取得者は，白地手形とみられる手形について，白地補充権の授与があるものと信頼できる。白地補充権は手形法的流通方法によ

って，白地手形に付着して，それとともに，一体的・統一的に流通していく。手形法10条は，白地手形とともにそれに付着する白地補充権についても，手形法的流通を認めるのである。そして，白地補充権のみの譲渡は認められるべきでなく，白地補充権を留保した白地手形の譲渡は，当事者間の明示の合意がある場合を除いて，認められない。

　白地手形が手形法的流通方法によって譲渡され，手形取得者が手形法上の流通保護を受けられるという点，および，白地補充により成立する手形上の権利との継続性，一体性を説明するために，白地手形は何らかの権利（潜在的権利，条件付権利）を表章していると説かれたり，また，白地補充権が白地手形証券とともに一体的に移転され，手形法的流通保護に関する諸原則に服する点を説明するために，白地補充権は白地手形上に表章されていると説かれるのが一般である。しかし，このような考え方には疑問があり，不要な構成であるというべきである（後述3）。

□2　白地手形の成立要件

(1)　白地手形行為者の署名があること

手形要件の一部を欠く手形が，まったくの無効手形と区別されて，白地手形と認められるための要件は3つある。その第1は，少なくとも1人の白地手形行為者の署名があることである。振出人の署名があるのが普通であるが（白地振出し），それに限らず，裏書人だけがまず署名したり（白地裏書），手形保証人だけがまず署名して（白地保証），白地手形を発行する場合もある。

　白地手形に白地補充がなされてはじめて，行為者は有効な手形行為をしたことになり，白地手形行為者の債務負担が意思に基づくものであることは，通常の手形行為と何ら変わらない。そして，白地補充の効果は当然遡及することはない。けれども，行為者は白地補充の時点で現実に行為をしたことになるわけではなく，行為者自身の行為はすべて白地手形発行段階でなされている。白地手形制度は，白地手形行為に対して白地補充のなされた時点において，有効な手形行為を成立させる効力を認めているのであるから，行為者の権利能力，行為能力，代理権の有無は，白地手形行為をなした時点を基準

にして評価されるべきである（通説）。

(2) いずれかの手形要件が白地であること　　第2の要件は，全部または一部のいずれかの手形要件が白地であることである。手形法は手形用紙に関しては何の規定も置いていないから，理論的にいえば，白紙に何らの手形要件も記載せずになんぴとかが署名するだけで白地手形を作出することも可能である。他方，実際に用いられている統一手形用紙には，いくつかの手形要件が印刷されていて，残りの手形要件の記載欄が設けられているが，その記入が欠けている場合には，一般的にその手形は白地手形とみられる。

(3) 白地補充権の授与があること　　第3の要件は，白地手形の発行者が後にその白地を手形所持人に補充させるつもりでいたこと，すなわち，白地補充権を授与していたことである。この要件は白地手形と無効手形とを区別する決定的な基準である。白地補充権の授与は，白地手形行為者と相手方との手形外の補充権授与契約により行われる。

　学説上，この補充権の授与がどのような場合にあるとみるべきか，すなわち，白地手形はどのような場合に成立しているとみるべきか，どのような手形を白地手形とみてよいかに関して，主観説と客観説とが対立する。

　主観説は，要件欠缺の手形を白地手形とする根拠は，白地手形行為者が，後に他人をして白地を補充させる意思をもっていることにあるとする。そして，白地補充権は手形外の合意によって発生するとする。私見は既述のように基本的にこの主観説に立つ。

　これに対して，客観説は，署名者の具体的な意思を問わず，外観上署名者が補充を予定して署名したと認められる証券は白地手形とみるべきであるとする。これによれば，白地補充権は行為者が白地手形となりうる証券に署名することにより，証券外の補充権授与契約を要さずに，無限定な内容をもって成立することになる。客観説は，主観説によれば，手形の外観からみて白地補充を予定していると認められる証券について，発行者に補充権授与の意思がなかった場合や，補充権を自らに留保している場合には，白地手形とみることができず，それでは，白地補充後に何ら事情を知らないで手形を取得する第三者を保護できなくなると批判する。

　客観説は，統一手形用紙を用いて発行されている場合には，常に白地手形

とみられるとする。主観説に立つとしても，この場合には一般に白地手形として取り扱ってよいと考える必要がある。それは，白地補充権の授与が不明確な振出日白地の確定日払手形についても同様である。この振出日白地の手形にあっては，補充権授与の意識は手形授受の当事者間で欠けている場合が多いと思われる。もっとも，この場合には，特別の事情がない限りは，黙示の補充権授与の合意があったものと認めるべきであろう（最判昭35・11・1判時243号29頁参照）。しかし，このような諸事例において取得者が白地手形として取り扱うことができる一般的な理論的根拠は，主観説の権利外観理論による補完に求めるべきである。すなわち，手形の外観上，白地補充を予定されたものと認められる場合には，第三取得者はそれを白地手形として取り扱うことができる。たとえ，署名者に補充権授与の意思が欠けていても，白地補充後の手形を有効に振り出された手形と信頼して取得する第三者，または，白地手形であるという外観に信頼して（悪意・重過失なく）取得する第三者は保護され，外観に従った権利（有効な手形としての権利または白地手形としての権利）を取得できると解すべきである。署名者の帰責性は，白地手形としての外観をもった手形に署名したうえで交付した点に認められる（同説，田邊光政・最新手形法小切手法〔五訂版〕（2007年，中央経済社）334頁）。実定法上の根拠は手形法10条の類推適用に求められる（後述4(2)参照）。

　他方，金融依頼の目的で要件一部白地の約束手形用紙を作成・署名し，これを金融ブローカーに交付したが，その際，金融先が具体的に定まったときに，白地部分を署名者自らが記入する旨を約していたところ，この手形が流通し他の者により要件が補充されてしまい請求されたという事例において，判例は，「かかる手形を白地手形と呼べるかはしばらく措き」，悪意・重過失なき手形取得者に対して署名者は補充された文言に従って責を負うとしている（最判昭31・7・20民集10巻8号1022頁）。このような補充権を自らに留保する場合には，主観説によれば，白地補充権の授与を欠くために，白地手形は成立していないことになる。しかし，この場合にも，上記と同様に権利外観理論により，善意の第三者に対して，署名者は白地手形を振り出したと同様の責任を負うべきである。

□3　白地手形の本質

　前述したように，白地手形は未完成な手形であって，本来，白地未補充の間は法的にはただの紙切れにすぎず，手形として無効である。手形上の権利は未だ発生しておらず，証券上には何らの手形上の権利も表章されていない。しかし，今日，一般に，白地手形の手形法的流通に際して流通保護原則が働くこと，および，白地補充により成立する手形上の権利との継続性・一体性を説明するために，白地手形は潜在的権利，条件付権利あるいは生成中の権利を表章すると説明されている。いずれにせよ，未だそれにより権利行使はできないのだから，それら表章される権利は手形上の権利それ自体ではないが，白地の補充によって成立する将来の手形上の権利を考えるとき，これらの権利の表章という観念は受け入れやすいものであろう。しかし，それにより白地補充前には何らの手形上の権利も発生していないという事実を見誤ってはならない。

　さらに，白地補充権が証券とともに移転し，流通保護原則に服することを説明するために，白地手形は条件付権利，潜在的権利とともに，白地補充権をも，または単に白地補充権のみを表章すると説くのが一般である。

　主観説に依拠したうえで，白地補充権の表章を語るときには，①その手形証券への表章の仕方は，手形上の権利の表章にならうべきものと考えられるにもかかわらず，当事者間の手形外の合意により成立する白地補充権が，手形証券上に何らの記載なしに表章されることになってしまい，表章がいかにして行われるのかが不明であるとの疑問がある。②白地補充権が手形証券上に表章され，手形法的流通に服するとすると，そこでは，手形上の権利にならって白地補充権にも本来，無因性が働かなければならないだろう。しかし，主観説に立つとき，白地補充権は，その行使されるべき補充内容と切り離されることはできず，その内容と一体化してとらえるべきものであって，本来有因的なものとして理解されるべきである。そこで，証券への表章という観念をとることにより，白地補充権と補充権授与契約との結合関係が切断されてしまうという疑問がある。

　以上に対して，証券への署名により，白地補充権は無限定的なものとして

発生すると理解する客観説では，白地補充権の白地手形への表章という観念は容易に根拠付けられるように思われる。

白地補充権は白地手形に付着して，それとともに，手形法的流通により，一体的・統一的に流通され，白地手形を取得する悪意・重過失なき第三者は，手形法10条の流通保護を受ける。しかし，このような関係を説明するために，白地補充権の白地手形への表章を語ることは不要である。

□4　白地手形の流通

(1) **白地手形の譲渡**　　流通の面において，白地手形は完成された手形と同視される。ここに白地手形の意義がある。したがって，未補充のままの白地手形を手形法的流通方法により譲渡することができ，裏書によって，または，受取人白地手形については交付によって譲渡できる。そして，善意で白地手形を取得する者に対しては，流通保護の原則が働いて，善意取得による保護（手16条2項）および人的抗弁の制限による保護（手17条）が認められる。

(2) **白地補充権の濫用（不当補充）**　　白地手形について，補充内容に関する発行者と受取人の間でなされた取り決めに違反して不当な白地補充がなされた場合に，善意の取得者は手形法10条により保護される。たとえば，金額白地の白地手形の振出しにあたって，手形金額は100万円以内とするという補充権授与契約があるにもかかわらず，受取人がこの合意に違反して補充権を行使して1,000万円と補充したうえで，第三者に譲渡した場合に（図-10参照），手形法10条により，振出人は善意・無重過失の手形取得者に対して上記補充権濫用の抗弁を対抗できず，補充された文言に従って1,000万円の手形債務を負わなければならない。

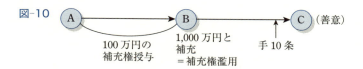

図-10

白地手形行為者は，本来，白地補充権授与の合意の範囲内で債務を負うべき関係にある。そこで，この合意の範囲を越える限りで，有効な手形交付契約が欠けることになり，行為者は手形債務を負わないことになる。しかし，手形法10条は，白地手形の流通性を前提として，善意の第三取得者の保護を規定する。10条は，権利外観理論に依拠する規定の一つと考えられている。白地手形行為者は，白地手形の発行により，白地補充権濫用の可能性を生じさせたから帰責的であって，有効な手形行為の外観に対して信頼する第三者に対して責を負う。また，10条は，手形債務がどのような形で成立するかに関する抗弁，すなわち，手形債務の成立に関する抗弁を対象とする手形法中の唯一の規定である。白地補充権濫用の抗弁は，手形債務の成立に関する抗弁である点において交付欠缺の抗弁と共通し，取得者の主観的保護要件を善意・無重過失とする点で共通する（正確には，10条の規定が，交付欠缺の抗弁に関して，主観的保護要件を善意・無重過失とする立場を正当化する）。さらに，白地補充権濫用の抗弁は，10条により善意の取得者に対して制限されるという意味において人的抗弁の一種であり，手形法10条はいわば17条の特則ということができる。この2つの規定の間には，主観的保護要件の面で相違がある。

　手形法10条は，規定の文言上は明らかに，白地手形が不当に補充された後に，善意・無重過失で取得する第三者を保護する規定である。しかし，この規定はさらに，未補充のままの白地手形を一定範囲の白地補充権があるものと信頼して取得した者が，自らこの範囲において補充して請求する場合にも適用があるのか否かが争われている。手形流通の面からみれば，手形取得者は白地手形とみられる手形を補充権とともに有効に取得できるのでなければならず，補充権の範囲に対する信頼も保護されなければならない。

　手形法は，白地手形を認容したうえで，補充権濫用の抗弁を10条により制限して，取得者の外観信頼を保護している。この点から考えれば，白地手形を認容する以上，未補充白地手形の流通の可能性が当然に生ずるわけであり，手形法が上記のような10条の本来的場合と利益状況の共通する場合における取得者の保護を積極的に排除しているとは考えられない。したがって，このような場合に，手形法10条の類推適用を認めるべきである（10条の適用を認める判例として，最判昭36・11・24民集15巻10号2536頁，最判昭41・11・10民

II 白地手形

集 20 巻 9 号 1756 頁)。

　未補充白地手形の取得に手形法 10 条を具体的に類推適用する場合，取得者が保護されるための信頼要件の面において，以下のような区分を必要とする。

　① 確定日払手形の振出日白地，および，受取人白地の場合　　これらについては一般に補充されるべき内容に関して，当事者間で特別な合意がないのが通常である。したがって，手形所持人は，振出日白地については，満期以前の自由な日付を，受取人白地については，いずれの取得者の氏名でも自由に記入することができると考えてよい。白地手形の取得にあたって，譲渡人から補充すべき内容について伝達されると否とにかかわりなく，また，署名者に対し問い合わせる等の何らかの調査を尽くさなくても，手形法 10 条の重過失にはあたらない（振出日白地の小切手につき，最判昭 36・11・24 民集 15 巻 10 号 2536 頁。受取人白地の約束手形につき，最判昭 41・11・10 民集 20 巻 9 号 1756 頁）。

　② 満期白地および金額白地の場合　　満期について，譲渡人から著しく不相当な補充内容を伝達された場合，内容について何ら伝達されない場合，および，手形金額について，譲渡人の従来の取引に照らして不相応な補充内容を伝達された場合，何らの伝達もない場合には，白地手形取得者は外観に信頼することができない。このように取得者が譲渡人の権限に疑念を抱くのが当然である場合には，白地手形署名者に対して問い合わせる等の調査をすべきであり，それを怠るときには，手形法 10 条の重過失にあたると解される（同説，木内宜彦・手形法小切手法〔第二版〕(1982 年，勁草書房) 316 頁。広島高判昭 47・5・1 下民集 23 巻 5-8 号 209 頁は，金額白地手形につき，補充権の存否内容につき振出人に照会しなかったときは，特別の事情のない限り，重過失があるとする）。

□5　白地手形にかかる権利の行使

(1) 白地手形による権利行使

　白地手形は未完成手形であり，白地補充前には権利は発生しておらず不存在である。したがって，白地未補充のままでは手形上の効力を欠き，主たる手形債務者に対して請求できない（最判昭 41・6・16 民集 20 巻 5 号 1046 頁，最判昭 43・10・8 判時 540 号 75 頁，最判昭 58・3・31 金判 670 号 3 頁）。また，この未補充白地手形による支払呈示は無効であ

って，このような支払呈示によっては裏書人に対する遡求権を保全できない（最判昭41・10・13民集20巻8号1632頁，白地小切手振出人に対する遡求権保全について，最判昭61・11・7金判759号17頁）。

(2) 白地手形の支払い　(1)に示したように，白地未補充のままでは，白地手形により手形債務者に請求できない。債務者は完成された手形に対して支払うことが要求されている。銀行と顧客との間の当座勘定取引契約上の支払委託にあっても同様で，本来は有効な手形・小切手について支払委託がされているものと解される。

ところで，当座勘定規定の上では，「小切手もしくは確定日払の手形で振出日の記載のないものまたは手形で受取人の記載のないものが呈示されたときは，その都度連絡することなく支払うことができるものとします」と規定されている（当座勘定規定17条）。他方，手形・小切手の受入れに関係する当座勘定規定1条2項や普通預金規定2条2項等では，「手形要件，小切手要件の白地はあらかじめ補充してください。当行は白地を補充する義務を負いません」と規定されている。そして，これらに対応して，手形交換所の規則上は，振出日および受取人の記載のない手形は，白地のまま交換決済されるものとされている。これらにより，実際には，白地手形・小切手による支払呈示に対して支払いが行われている。

上述の当座勘定規定17条は，未完成な白地手形に対する支払いを規定しているため，手形法・小切手法上の強行規定と矛盾するのではないかとの疑問がある。しかし，この規定は，顧客と支払銀行との間の支払いの委託にのみかかわるものであって，顧客が白地手形であっても支払うべき旨を委託する以上は，そのような支払いの委託に関する特約，および，それに基づく支払いと銀行の免責も有効と解される。他方，当座勘定規定1条2項等は，実際上，大量の振出日，受取人白地の手形・小切手を補充のうえ交換に回すことの困難，補充すべき内容の不明，誤った記入のおそれといった理由から，銀行の過重な事務負担を避けることを目的とする。

しかし，白地手形のまま交換に回され，不渡りとなった場合には，このような支払呈示は手形法上有効なものではない。そこで，手形所持人は遡求権保全のために呈示期間内に再度債務者に対し呈示しなければならないが，そ

れは通常，時間的に不可能であって，結局，顧客である所持人に遡求権を失うという不利益が生じるおそれが大きいという問題がある。これに対し判例は，振出日白地手形について，取立委任を受けた銀行の白地補充義務，白地補充を促すべき義務の存在を否定している（最判昭55・10・14金判610号3頁）。

(3) **白地手形による訴え提起と時効の完成猶予**　白地手形は未完成手形であるから，白地手形によって訴えを提起しても，口頭弁論終結時までに補充がなされなければ，白地手形に基づく請求は当然に棄却される。最判昭57・3・30民集36巻3号501頁は，「白地手形の所持人は，手形金請求の前訴において，事実審口頭弁論終結前に白地補充権を行使できたのにこれを行使しないため手形要件を欠くとして請求棄却の判決を受け，これが確定したときは，その後に白地部分を補充しても，後訴において手形上の権利の存在を主張することは許されない」と判示する（なお，訴訟手続中において，白地未補充の点に当事者が気付いていないときは，裁判所側で求釈明をするのが通例である）。ところで，たとえば，振出日白地の未補充白地手形による手形金請求の訴えが提起された場合（すなわち，裁判上の請求（民147条1項1号）がなされた場合）に，この手形上の権利の消滅時効期間が満期から3年であるため（手77条1項8号・70条1項），白地補充も3年以内に行われる必要があるところ（後述6），白地補充が満期から3年の時効期間を経過した時点で行われた場合には，訴えの提起の段階で，その訴えの提起に対し補充により成立する手形上の権利について時効の完成を猶予する効力が認められるか否かが問題になる（図-11参照）。

判例は時効の完成猶予の効力を認める（積極説。受取人白地の手形につき，最大判昭41・11・2民集20巻9号1674頁，振出日白地の手形につき，最判昭45・11・11民集24巻12号1876頁）。他方，学説上は消極説をとるものがあり，白地手

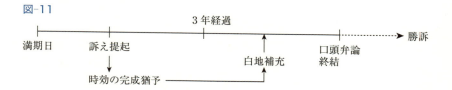

図-11

形は未完成な手形だから，白地補充前には手形上の権利は発生しておらず不存在であって，その時効の進行，完成猶予の問題が生ずる余地はないとする。それに対し，積極説をとる判例・学説は，未補充の白地手形にも何らかの権利または法的地位が表章されており（潜在的権利，条件付権利），それと補充によって生ずる手形上の権利との一定程度の同一性が認められるのだから，未補充の白地手形によっても時効の完成猶予を生じさせることができると考える。さらに，この理論的理由を前提として，満期の記載ある白地手形は，未補充のままでも満期から時効が進行するのだから，それとの比較均衡上，白地手形の所持人がその未完成のままで時効の完成猶予の措置をとれるべきであるという実質的理由をあげる。これに対して，消極説は，このような関係は，手形の文言証券性に基づくものにすぎず，白地補充により補充前に遡って手形上の権利が存在していることを意味するものではないと批判する。さらに，実質的にみて，白地補充権の行使を失念したり，補充の労を惜しんだ者を保護する必要は認められないと批判する。

　消極説の説くように，手形法上，白地手形は未完成手形であり，未補充の間は手形上の権利は未だ存在していないということは議論の出発点とされなければならない。しかし，手形法上，未補充白地手形について，一定の範囲で，手形上の権利が存在する場合と同視して取り扱われることが認められている。すなわち，前述のように，白地手形も通常の完成手形と同様な方法で流通され，また流通保護が図られている。したがって，時効の完成猶予・更新の制度の趣旨を検討する必要がある。消滅時効制度の目的は，権利の上に眠れる者は保護されないとすることにあって，権利行使の意思が明らかになりさえすれば時効の完成猶予として十分であるという点を考慮すると，時効の完成猶予事由について弾力的に解することができると考える。さらに，満期の記載ある白地手形の消滅時効が満期を起算日として計算されることとの比較均衡を考慮すれば，積極説を支持すべきである。

Ⅱ　白地手形

□6　白地補充権の行使

(1) 白地補充権の行使時期　白地補充権の行使時期に関して合意がある場合には，その期限内に補充権は行使されなければならない。期限経過後は白地補充権は消滅するから，それ以後の補充は不当補充にあたる。しかし，このような不当補充も，善意・無重過失の第三者に対しては，手形法10条の規定により対抗できないと解される。

満期が記載されている手形については，支払呈示期間内に白地を補充して請求しなければ，遡求権が保全できないので，遡求をなすためには，支払呈示期間経過までに白地を補充することが必要になる。

形成権の一種である白地補充権の行使時期に関しては，白地補充権の消滅時効による制限が問題になる。しかし，満期の記載がある白地手形については，満期後3年で主たる手形債務者に対する権利が消滅時効にかかるから，それまでに白地補充権を行使しておかなければならない。これについては，補充権それ自体が別個独立に時効消滅するのではなく，手形上の権利が消滅しない限りこれを行使できるのであって（最判昭45・11・11民集24巻12号1876頁），補充権それ自体の消滅時効を問題にする実益はない。

(2) 白地補充権の時効　満期が白地の手形については，これと異なり，形成権の一種である白地補充権自体の消滅時効が問題とされる。

古い判例には，白地補充権は形成権であるから，その時効期間は20年である（民166条2項）とするものもあったが，現在のこの問題に関する見解の第1は，最高裁判例のとる5年説である（最判昭36・11・24民集15巻10号2536頁，最判昭44・2・20民集23巻2号427頁）。この判例の見解は，形成権であってもその行使によって債権が発生する場合には，債権としての時効期間を問題にすべきとしたうえで，平成29年改正前商法が規定していた商事時効期間に依拠したものであった。平成29年の民法改正に伴い，商法においても消滅時効期間に関する規律は民法の規定（166条1項）に従うことになったが，商行為によって生じた債権については，通常は，「権利を行使することができる時」に「権利を行使することができることを知った」ということができる。そこで，旧法下の上掲判例は，現行法に合わせて以下のように解することが

できる。

　すなわち，上掲最判昭44・2・20は，白地補充権の時効の始期について，「これを行使しうべきときから」（この事案では手形交付時とする）としていた。満期白地の白地手形を取得した者は，取得時においてその手形が満期白地の手形であることを当然に認識していると解され，その手形上の権利を行使するためには，満期の白地を補充する必要があることは知っているはずであり，かつ，通常はいつでも白地補充権を行使できる地位にある。したがって，民法166条1項の適用に関して，判例は，白地補充権の授与は商行為である「手形に関する行為」（商501条4号）に準ずるものであり，白地補充権は商行為によって生じた債権に準ずる権利であるとしたうえで，白地手形を取得後，いつでも白地補充権を補充できる通常的場合を前提として，白地補充権の時効期間について，「権利を行使することができることを知ったときから」（白地手形取得時から）5年が適用されるとするものと解される。なお，当事者間の合意により手形所持人が後の一定の時点まで白地補充権を行使できないとされている場合にあっても，その時点から，手形所持人は，白地補充権を行使できることを知ることになると解することになる。

　第2は3年説であって，所持人はいつでも白地を補充して請求できるから，満期の到来している手形と同様に，主たる手形債務者に対して3年で時効消滅し，補充権もこれにより消滅するとする。この説は，補充権自体の独立した時効消滅を問題にするのではなく，補充権は手形上の権利自体の消滅時効に服するとしている。

　学説では理由付けは上記と異なっても3年説をとるものが多い。3年説は，形成権自体の存続期間を考えるべきではなく，形成権（補充権）の存続期間は，その行使によって発生する本体的な権利（手形上の権利）の消滅時効期間によって定まるとする民法学説と結果において一致している。この3年説は，このような白地手形を満期の到来している手形と同視して，3年の消滅時効の起算点を振出交付の時点としている。しかし，それでは，3年以内に補充しても主たる債務者の責任は3年の経過によって当然に消滅すると考えないと一貫しないことになるから（鈴木竹雄＝前田庸・手形法・小切手法〔新版〕（1992年，有斐閣）224頁。たとえば，約1年後を満期とする合意がある場合を考えてみよ），

満期の記載ある白地手形との均衡を失することになるし，かつ，満期白地の白地手形としての本来の機能を果たせなくなってしまうという難点がある。そこで，上に述べた民法学説の立場に依拠したうえで，白地補充権の消滅時効の起算点を，白地補充をして手形上の権利を行使することが白地手形授受の当事者間に存する実質関係上で法律的に可能になった時と解して，必ずしも振出交付時とは一致しないとする見解が主張されている（上柳克郎・会社法・手形法論集（1980年，有斐閣）492頁以下）。私見はこの見解を支持すべきと考える。そしてその際に，白地補充権の時効消滅の抗弁は，補充後に善意で手形を取得する者や未補充の手形を善意で取得する者に対しては対抗できない人的抗弁であって，手形法10条の類推適用により善意の取得者に対して制限されると解する（札幌高判昭44・8・13下民集20巻7・8号580頁，大阪地判平元・11・30判時1363号147頁）。

　上述した私見がとる立場では，合意された満期（弁済期）が起算点としての意義を有しているが，さらにこの点を徹底して，白地補充権の行使時期は，当事者間での合意または合理的意思解釈によって決まり，この期間経過後の補充の問題は，補充権の時効消滅の問題ではなく，手形法10条の不当補充の問題となるとする見解も主張されている（後藤紀一・要論手形小切手法（1992年，信山社）142頁以下，同・金法1396号17頁以下）。しかし，白地補充権の行使時期は，当事者間の合意によって必ずしも明確に確定できるわけではない。

第 5 章
約束手形の流通

I 裏　書

□1　裏書の意義

(1) **裏書による手形債権の移転**　手形債権も通常の債権と同様に，他に譲渡することができる。手形の譲渡・移転は，民法の債権譲渡の方式によることも，相続，会社の合併，包括遺贈，転付命令，競売によることも可能である。しかし，最も一般的な方法は，手形法的流通方法である裏書である。なお，白地式裏書が付された後または受取人白地である手形については，手形の交付だけによる譲渡も可能である。

手形は，指図式で振り出されている場合はもとより，記名式であって指図文句の記載がない場合にも，裏書によって譲渡することができる。手形は法律上当然の指図証券だからである（手77条1項1号・11条1項）。けれども，手形の振出人が手形上に「指図禁止」の文言を記載した指図禁止手形の場合には，裏書により譲渡することができない（前述）。

指図禁止手形は民法の債権譲渡の方式に従ってかつその効力のみをもって譲渡できるにすぎない。その結果，人的抗弁の制限が生じないので，振出人は受取人（譲渡人）に対して有するすべての抗弁を譲受人にも対抗できることになる。そこで，たとえば，将来負担するかもしれない債務の担保のために手形を振り出すような場合に，勝手に第三者に裏書譲渡されて振出しに関する原因事由に基づく抗弁が切断されてしまうことがないように，指図禁止手形が利用される。なお，指図禁止文句の記載のない通常の手形についても，民法の債権譲渡の方式によって譲渡することが可能である（最判昭49・2・28

民集 28 巻 1 号 121 頁)。法が裏書以外の方法による譲渡を禁止しているとは考えられないからである。

　裏書は手形行為の一種として，単純でなければならず，裏書に条件を付けることは許されない。裏書に条件を付すと，裏書自体が無効となるのではなく，この条件だけが記載のないものとみなされる（手 77 条 1 項 1 号・12 条 1 項）。

　手形金額の一部を譲渡する旨の裏書は無効である（手 77 条 1 項 1 号・12 条 2 項）。手形上の権利は手形証券と不可分に結合されており，一つの手形証券には，その表章する手形金額の支払いを内容とする一つの手形上の権利しか存在していない。したがって，手形債権は本来的に分割できず，一部裏書は手形債権の不可分一体性と衝突するから，禁止されているのである。

(2) 裏書の法的性質

裏書は 16 世紀末から 17 世紀初頭にかけてイタリアにおいて発生したとされている。それは商取引の需要に基づき，商慣習の上で徐々に形成されてきたが，裏書制度の出現によって，同一の手形証券により複数の債務を決済することが可能になり，手形の支払手段的機能が発展することとなった。

　裏書は特殊な債権譲渡である（通説）。かつては，手形抗弁制限の制度（後述 105 頁以下）の法的根拠付けとの関係で，裏書の債権譲渡効力を否定したうえで，理論を構築する見解も存したが，今日では，手形法 14 条 1 項に裏書により一切の手形上の権利が移転される旨が規定され，それに基づいて，裏書の本質を債権譲渡とみるのが一般である。

　民法の債権譲渡においては，債権はその同一性を失うことなく譲受人に移転される。したがって，債権譲渡にあっては，抗弁はその債権に付着したまま承継的に移転され，譲受人に対しても対抗できるのが原則である（nemo plus iuris transferre potest quam ipse habet（誰も自分の有する以上の権利を移転することはできない）の原則があてはまる。民 468 条 1 項参照）。しかし，手形法上では，民法の債権譲渡と異なり，手形流通強化の目的で，裏書による手形債権の移転にあたって，手形抗弁の制限（手 17 条），善意取得（手 16 条 2 項）といった効果が生じうるものとされている。そこで，手形流通保護の制度が作用するという意味で，裏書は特殊な債権譲渡であるといわれる。

　裏書というときには，通常は上のような効果を伴って手形債権を譲渡する

効力をもつ譲渡裏書を意味するが，裏書には特殊な効力を伴うものもある（後述Ⅱ）。

□2　裏書の方式

　裏書行為は，裏書という書面行為と，手形の任意の手放し（交付）とからなる。統一手形用紙には裏面に裏書欄が設けられている。裏書は，裏書欄に，裏書人が必要な事項を記載して，署名をすることにより成立する。そして，裏書の方式は被裏書人名の記載の有無に従い，記名式裏書と白地式裏書とに分けられる。

　(1)　記名式裏書　　記名式裏書と白地式裏書の区別は，被裏書人名の記載の有無による。それを記入する裏書の方式が記名式裏書である。手形法上有効な記名式裏書であるための要件は，①裏書文句の存在，②裏書人の署名（記名捺印），③被裏書人名の記載の3つである（手77条1項1号・13条）。以上のうち①の要件に関しては，統一手形用紙裏面の裏書欄には，「表記金額を下記被裏書人またはその指図人へお支払い下さい」との文句が印刷されており，これが裏書文句に相当する。そこで，裏書人が被裏書人の名称を記入して（記名式裏書）または記入しないまま（白地式裏書），自己の署名（記名捺印）をしたうえで，譲受人に手形を交付することによって，裏書は有効に成立することになる。

　(2)　白地式裏書　　被裏書人名を記載しない裏書が白地式裏書である（手77条1項1号・13条2項）。白地式裏書には，裏書文句を伴うものと，それを欠いて，裏書人の署名だけによるものの二種類がある（後者は簡略白地式裏書という）。ただし，統一手形用紙には，裏書欄に裏書文句が印刷されている。

　白地式裏書により手形を譲り受けた者は，当然に，適法な手形上の権利者として推定される（手77条1項1号・16条1項）。この譲受人は，自己の名称をもって白地を補充して（手77条1項11号・14条2項1号），権利行使することができるが，未補充のままで権利を行使することもできる。この者が他に手形を譲渡しようとする場合には，自らの裏書をしないで直接次の譲受人の名称で白地を補充して，手形を引き渡すだけでもよく（手77条1項1号・14条

2項1号），または，自己の名称で白地を補充したうえで，または，補充しないまま，記名式裏書もしくは白地式裏書をすることもできる（手77条1項1号・14条2項1号・2号）。さらに，白地を何ら補充しないまま，裏書もなさずに，単に譲受人に手形を引き渡すだけで譲渡することもできる（手77条1項1号・14条2項3号）。

白地式裏書と記名式裏書との法的効果面での相違は，主に譲受人について生ずる。すなわち，いったん，白地式裏書がなされると，譲受人は，裏書によらずに常に手形を交付により引渡しだけで譲渡できる。そして，手形上の記載においては裏書人ではないことから，以後の手形取得者に対して担保責任を負わない。この譲受人は，取得者に手形の信用力につき疑念を抱かせるおそれのある無担保文句や裏書禁止文句（手77条1項1号・15条1項・2項）を利用しないでも自己の担保責任を排除して譲渡できるのである。

□3　裏書の効力

譲渡裏書には，通常，権利移転的効力，資格授与的効力，および担保的効力の3つの効力がある。

(1)　権利移転的効力

裏書は手形より生ずる一切の権利を移転する（手77条1項1号・14条1項）。裏書により裏書人が有する手形債権が被裏書人・譲受人へ承継的に移転される。

譲渡裏書により移転されるのは手形上の権利である。それには，主たる手形債務者に対する手形金請求権だけでなく，裏書人に対する将来の遡求権および手形保証人に対する権利などが含まれる。手形債権に付随する質権や抵当権，民法上の保証債権といった担保権が，手形上の権利に伴ってともに移転するかに関しては争いがある。しかし，手形法14条1項によれば，移転するとされているのは手形上の権利に限定されているので，それ以外の手形外の権利が裏書自体の効力によって移転すると解することはできないと考える（通説）。

(2)　資格授与的効力

(イ)　意　義　　手形面上で，受取人が第1裏書の裏書人になり，次いで第

1裏書の被裏書人が第2裏書の裏書人となるというように，裏書が受取人から最後の被裏書人にまで間断なく続いていることを裏書の連続があるという。裏書の連続する手形の所持人は，手形上の権利者として推定され，真の権利者である旨を証明することを要さないで，手形上の権利を行使できる資格を有している。裏書は被裏書人である手形所持人にこのような権利者としての形式的資格を付与するものであることから，これを裏書の資格授与的効力という。そして，一方では，このような手形所持人を権利者と信じて手形を取得する者は，たとえこの所持人が無権利者であっても，有効に権利を取得できる（手77条1項1号・16条2項）。他方では，手形債務者は，このような手形所持人に対して支払いをすれば，たとえこの所持人が無権利者であっても，免責される（手77条1項3号・40条3項）。

　手形は裏書という簡易な流通方法によって移転し，当初の振出人と受取人との関係から抜け出す。そこで，手形債務者にとっても，手形取得者にとっても，誰が現在の債権者かは不明となる。それでは，手形債務者や取得者にとって不都合を生じるので，手形法は，裏書の連続する手形を所持する者が有している権利者らしさ，すなわち，権利者としての外観は通常は真実に合致するものであるという高度の蓋然性に依拠して，外観的な権利者である手形所持人に権利者資格を付与している。そして，この外観に対して信頼する債務者・取得者を保護することにより，手形の流通性と迅速な取立ての確保の実現を図っている。

　手形法16条1項の権利推定に関しては，この規定が「看做ス」という文言を用いているにもかかわらず，一般に，それは反証を許さない擬制ではなく，推定の意味であると理解されている（最判昭36・11・24民集15巻10号2519頁）。この推定を覆すためには，手形債務者は，所持人の無権利，無権限を主張・証明するだけでなく，さらに所持人以前のなんぴとについても善意取得の生じていないことも主張・証明する必要がある（最判昭41・6・21民集20巻5号1084頁）。なお，判例は，裏書の連続ある手形を書証として提出した者には，手形法16条1項による権利推定が働き，この規定の適用に必要な構成要件事実の明示的な主張は不要であるとしている（最大判昭45・6・24民集24巻6号712頁）。

㈠　**裏書の連続**　　手形法16条2項により所持人に与えられる形式的資格は，連続する裏書による手形所持人の権利者としての外観は通常は真実に合致しているという高度の蓋然性に依拠している。したがって，社会通念上，この蓋然性が肯定される場合には，裏書の連続を認めてよい。裏書の連続が認められるためには，それぞれの裏書が適法性の外観を有し，外観上連続していることが必要であり，かつそれで足りる。個々の裏書の実質的有効性は問われることはない。偽造の裏書，無権代理人による裏書が介在していてもさしつかえない。このように裏書の連続の有無は外形的，形式的に判断される。なお，抹消された裏書は，裏書の連続の判断に関しては，記載なきものとみなされる（手77条1項1号・16条1項3文）。

今日，判例・学説は，相当広く裏書の連続を肯定する方向にある。そこで，裏書の連続を認めるためには，前の被裏書人の表示と後の裏書人の表示とが一字一句同じである必要はないとされ（大判昭10・1・22民集14巻31頁），2つの記載の間に多少の相違があっても，また，たとえ，誤字，脱字があっても，社会通念上同一性が認められる場合には，裏書の連続を認めるべきとされる。裏書の連続が認められた例として，受取人「日田産林」と裏書人「日田山林」（名古屋高判昭35・5・25判時230号30頁），受取人「高田」と裏書人「高田鉄」（京都地判昭45・9・7金法599号35頁），受取人「青柳酒店」と裏書人「株式会社青柳酒店」（千葉地判昭46・7・19判時647号83頁）などがある。

さらに，判例は，記載が法人（会社）を指すとも個人を指すとも解することができる場合である，受取人「愛媛無尽会社岡支店長」，第1裏書人「北宇和郡泉村岡善恵」という記載に関して，「第1裏書における裏書人は明らかに岡善恵個人名をもってなされているから，第1裏書の記載と対照して，『愛媛無尽会社岡支店長』なる受取人の記載は，むしろ個人たる岡善恵を指称すると解するは妥当である」と判示している（最判昭30・9・30民集9巻10号1513頁）。この判決は，受取人（被裏書人）の記載と裏書署名との両者の対照関連付けにおいて，社会通念に照らして2つの記載を解釈して，裏書連続の有無を判定するという基準を確立したものであり，広く支持されている。そこで，例をあげると，受取人「静鉱業部池野鉱業所」と裏書人「池野鉱業所長A」（大判昭10・1・22民集14巻31頁），受取人「株式会社宇和島造船所」と裏書人

新世社・出版案内 Feb. 2024

法学新刊

法学叢書 2-Ⅰ
法学叢書 行政法Ⅰ 行政法総論
興津征雄 著　　　　　　　　　A5判／864頁　本体4,800円

行政法が「わかる」とはどういうことなのか。個々の事例や個別法の仕組みの解説のみならず，それらを支えるべき法論理の構造を分析して，法制度や判例のあり方に明快で合理的な法律構成を与えるという実定法学の問題意識に立ち，概念の定義から出発し，論理のステップを紙幅を費やして丁寧に説き明かした画期的基本書。行政法を学び始めた読者が司法試験の論文式問題に対応できるレベルまで到達できることを目指し，予備試験・司法試験問題と解説との対応も明記した。

＜目次＞
本書で何を，どうやって学ぶのか／行政の主体と機関／行政法の法源と行政内部規定／要件と効果／法律関係の形成・確定の法的仕組み／法効果発生要件としての行政処分／法の解釈・適用と行政裁量／行政手続／強制／制裁／行政調査／行政指導と協定／法律による行政の原理／行政活動をめぐる紛争類型／個別法の解釈と適用―実体的違法事由（その１）／裁量権の踰越・濫用―実体的違法事由（その２）／行政手続の瑕疵―手続的違法事由／行政計画と処分の違法性／行政調査と処分の違法性／行政機関の矛盾挙動をめぐる紛争―信義則／行政処分の職権取消し・撤回の違法性／他

＊電子版も弊社ホームページ（https://www.saiensu.co.jp）にて販売中。

ライブラリ 今日の法律学 1
憲法
柳瀬 昇 著　　　　　　　　　　A5判／416頁　本体3,200円

憲法学の基礎を確実に理解することに意を払い，標準的な解釈論を通説と判例の見地から平明に解説したコンパクトな基本書。とくに初学者にとって誤解されやすい論点については丁寧に説明し，随所に解説図や整理表を挿入して一層の理解を配慮した。２色刷として憲法解釈論上の重要概念をすべて青色で示している。

経済

経済学叢書 Introductory
入門 計量経済学 第2版
山本 拓・竹内明香 共著　　　　　　A5判／288頁　本体2,600円

確率や統計学の知識がなくてもExcelを用いて計量経済学の基礎を学ぶことができる好評入門書の改訂版。近年のデータ分析のトレンドを鑑み，パネル・データ分析とAR(1)モデルの章を新設し，ミクロ・データ分析と時系列分析の概念や仕組みについて解説した。また各章末に練習問題を設け，一層の理解を配慮した。2色刷。

グラフィック［経済学］6
グラフィック 国際経済学
阿部顕三・寳多康弘 共著　　　　　　A5判／288頁　本体2,400円

国際経済学における基本的なテーマを精選し，初学者が基礎となる知識や考え方を着実に身に付けられるよう解説した入門教科書。第Ⅰ部では国際貿易と貿易政策を，第Ⅱ部では国際金融と国際マクロ経済を扱う。左頁に本文解説，右頁に対応した図表や数値例や囲み記事を配した見開き形式・2色刷。

グラフィック［経済学］2
グラフィック マクロ経済学 第3版
宮川 努・外木暁幸・滝澤美帆 共著　　A5判／392頁　本体2,900円

初版刊行以来，好評を博してきた入門テキストを大幅改訂。ケインズ派と新古典派という二つの立場からのマクロ経済学の解説に代わり，第3版では短期の経済と長期の経済とに分けた一貫性のある説明によりまとめている。さらに統計データをアップデイトするとともに，コラムなどで最近のトピックスについて紹介した。見やすい左右見開き構成，2色刷。

ライブラリ 経済学レクチャー＆エクササイズ 16
レクチャー＆エクササイズ 地方財政論
足立泰美 著　　　　　　　　　　　　A5判／296頁　本体2,900円

地方財政論をはじめて学ぶ方のための教科書。本文で地方財政の制度や仕組みについて学び，練習問題で確認することにより，知識の定着を図る構成になっている。また，概念や仕組みを表す図解や，統計データの図表を豊富に掲載することで，視覚的な理解にも配慮している。地方財政の抱える問題を知り，有効な対策を考えるきっかけになる一冊。

新刊

経済学叢書 Introductory

経済学って何だろう
現実の社会問題から学ぶ経済学入門

戸堂康之 著　　　　　　　　　　A5判／248頁　　本体2,300円

経済学って何だろう？　そうした疑問に応え，現実の経済・社会問題の事例をまじえて，経済学のアプローチや分析のツールを幅広い読者層に向けて解説。ミクロ／マクロ経済学の基礎，国際経済学，開発経済学，行動経済学，政治経済学，計量経済学のエッセンスを紹介し，これからの社会を考えるために欠かせない視点を提供する。読みやすい2色刷。

ライブラリ 経済学レクチャー＆エクササイズ 6

レクチャー＆エクササイズ 日本経済論

釣　雅雄 著　　　　　　　　　　A5判／296頁　　本体2,700円

日本経済論をはじめて学ぶ方のための教科書。経済学や経済状況について学び，データを取得・処理することにより，データを分析する力が身につく構成となっている。現実の日本経済を学べるよう，時事ニュースや経済データなどの図表を豊富に掲載した。経済統計や経済理論から，分析するための手法や考え方を学ぶことができる一冊。

ライブラリ 今日の経済学 17

計量経済学

谷﨑久志・溝渕健一 共著　　　　　A5判／304頁　　本体2,750円

著者の長年の講義経験をもとに，計量経済学の基本となる手法と結果の解釈について手際よくまとめた入門テキスト。式の導出過程を可能な限り省略せずに示し，必要となる統計学や数学を補論として盛り込んでいる。Excel援用のほか計量経済学に特化した無料の統計解析ソフトGretlを用いた本格的実証分析も解説。読みやすい2色刷。

経済学叢書 Introductory

読んで理解する 経済数学

多鹿智哉 著　　　　　　　　　　A5判／224頁　　本体1,800円

経済経営系学部の学部生に向け，経済数学の基本を一から解説したテキスト。学部初級レベルのミクロ経済学，マクロ経済学で使う数学はほとんどカバーしている。数式中心の展開でありつつ言葉による説明を重視。動画も含めた図解を援用して一層の理解を配慮した。解答例つき練習問題や動画コンテンツ等を収載したウェブ付録も設けた。

経営学・会計学新刊

グラフィック経営学ライブラリ 1
グラフィック 経営学入門
上田隆穂・榊原健郎 編著　　　　　　　A5判／288頁　本体2,700円

広く名の知られた一つの企業 ― ライオン株式会社 ― における様々な事例を通じて経営学の基礎をリアルに解説した，これまでにない入門テキスト。初めて経営学を学ぶ大学生のみならず高校生や新社会人の方にも好適。読みやすい見開きレイアウト＋2色刷。

経営学入門
立教大学経営学部 編　　　　　　　　　A5判／272頁　本体2,450円

「企業」と「経営学」の入門テキスト。企業の営みのさまざまな側面を紹介しながら，具体的に経営学の基本的概念を理解できるよう解説。企業経営の基礎・企業の基本的な活動・企業の活動を方向づけ，成長させる諸活動・企業とガバナンスの4部により構成。読みやすい2色刷。

グラフィック経営学ライブラリ 5
グラフィック ヒューマン・リソース・マネジメント
守島基博・島貫智行 編著　　　　　　　A5判／272頁　本体2,600円

人材マネジメント論の第一人者である編者と第一線にいる研究者によりまとめられた最新テキスト。左頁の本文解説に右頁の図表・コラムが対応した左右見開き構成により一層の理解を配慮した。見やすい2色刷。

ライブラリ 会計学15講 11
税務会計論15講
髙久隆太 著　　　　　　　　　　　　　A5判／288頁　本体2,500円

15講構成により税務会計の基礎的な概念を明快に説き明かす入門テキスト。従来の税務会計論の項目に加え，租税制度や税務行政・税理士制度，近年グローバル化の進展により重要視される国際課税についても解説している。

発行 **新世社**　　発売 **サイエンス社**

〒151-0051　東京都渋谷区千駄ケ谷1-3-25
TEL (03)5474-8500　FAX (03)5474-8900

＊表示価格はすべて税抜きです。

ホームページのご案内
https://www.saiensu.co.jp

「株式会社宇和島造船所東京出張所所長B」（最判昭29・6・8民集8巻6号1029頁），第1裏書被裏書人「万代食品工業株式会社C」と第2裏書裏書人「万代食品工業株式会社取締役社長C」（最判昭27・11・25民集6巻10号1051頁），受取人「有限会社栄華飯店」と裏書人「有限会社栄華飯店D」（東京地判昭47・1・29判時663号91頁），受取人「ミツワ商品株式会社」と裏書人「ミツワ商品株式会社E」（最判昭56・7・17金判630号15頁）との間でそれぞれ法人の裏書として連続が認められている。これに対して，受取人「F」と裏書人「南洋殖産株式会社F」（東京地判大11・10・28評論11商622）との間に個人の資格として連続が認められた。このような場合には，個人の表示に付した記載は，単にその者の職業，勤務先，住所を表示したにすぎないと解されている。同様に，受取人「G」と裏書人「三越通商株式会社専務取締役G」（京都地判昭44・5・16判タ238号181頁），受取人「H」と裏書人「夏原アルミサッシュ製作所代表者H」（京都地判昭44・7・1判時590号85頁）とは，それぞれ個人の資格において裏書の連続が認められている。

(ハ) **被裏書人欄の抹消と裏書の連続**　裏書連続の有無との関係で，記名式裏書の被裏書人名だけが抹消されている場合に，それを白地式裏書とみるべきか，裏書全部の抹消とみるべきかに関して争いがある。しかし，被裏書人の名称だけが抹消されている外観を社会通念に照らして評価するときは，抹消された部分だけが抹消されたものとみるのが最も自然であり，かつ，手形流通の保護の面では，このような抹消を白地式裏書とみる方が有益であることから，白地式裏書説をとるべきである（多数説）。最高裁判例も白地式裏書説をとる（最判昭61・7・18民集40巻5号977頁）。

(ニ) **裏書の連続の中断とその架橋**　外見上裏書の連続が中断しているが，真実には連続がある場合には，手形法16条1項の形式的資格の付与は手形所持人に権利の承継の証明を省かせ，権利行使を容易にするためであることから，形式的資格を欠く所持人はその実質的な権利の承継を証明することによって裏書の連続の中断を架橋して権利を行使できる。その際，所持人の形式的資格は，個々の裏書の有する資格授与的効力の集積に基づくから，所持人は裏書の断絶部分についてだけ実質的な権利移転を証明すれば足りる（通説）。

(3) 担保的効力　裏書人は，被裏書人およびその後者に対して引受

けおよび支払いを担保し（手77条1項1号・15条1項），それらの者が引受け・支払いを受けられない場合には，遡求義務を負う（手77条1項4号・43条）。これが裏書の担保的効力である。裏書人の遡求義務は，為替手形の引受人，約束手形の振出人の責任および他の遡求義務者の責任，手形保証人の責任とは合同責任（140頁参照）の関係にある（手77条1項4号・47条1項）。

　裏書人の担保責任は，裏書による権利移転によって生ずる法に基づく責任である。担保責任の根拠を，裏書人は裏書によって担保責任を負うとの意思表示をなしているということに求める見解もある（鈴木＝前田・手形法・小切手法114頁・256頁）が，裏書の本質は債権譲渡にあり，担保責任は，手形流通力の強化のために，手形法が特に認めた法定責任にほかならないと解する（通説）。

　裏書人は裏書に担保責任を排除する旨の記載，たとえば，「無担保」「支払無担保」といった記載（無担保文句）を付記できる（手77条1項1号・15条1項）。これを無担保裏書という。さらに，以後の新たな裏書を禁ずる旨の記載（裏書禁止文句）を付記して裏書することができる（手77条1項1号・15条2項）。これを裏書禁止裏書（禁転裏書）という。なお，手形法15条2項の趣旨は，法文にもかかわらず，上記裏書があるときにも，裏書人は直接の被裏書人に対してのみならず以後の被裏書人に対しても担保責任を負い，ただ単に，直接の被裏書人に対して対抗できる人的抗弁は制限されずに，以後の被裏書人に対しても対抗できることにあるにすぎないと解される（有力説）。

Ⅱ　特殊の裏書

　裏書には通常の譲渡裏書とはその方式および効力において異なる特殊な裏書がある。それには，前述の無担保裏書および裏書禁止裏書と，戻裏書，期限裏書，取立委任裏書および質入裏書とがあげられる。ここではこれらのうち後の4者について述べる。

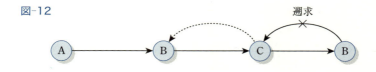

図-12

□1　戻裏書

　戻裏書とは，引受人，振出人，裏書人，手形保証人といったすでに手形債務者となっている者に対する譲渡裏書をいう（手77条1項1号・11条3項）。これにより被裏書人は裏書人の権利を承継取得する。戻裏書により手形を再取得した手形債務者は，さらに裏書によって手形を譲渡できる。

　戻裏書の特殊性は，まずもって，その被裏書人の遡求権に関して生ずる。この被裏書人が約束手形の振出人である場合，中間の裏書人に対して遡求することは当然できない。このような遡求を許しても，支払いをした裏書人は再び振出人に対して請求できるからである。同様に，裏書人が戻裏書により手形を再取得しても，自分が以前にした裏書から再取得した戻裏書までの中間に介在する裏書人に対して遡求権を行使できない（図-12参照）。

　戻裏書により手形を再取得した裏書人の権利行使に関しては，手形債務者が対抗できる人的抗弁の範囲がどのようなものかが問題となる（後述121頁以下）。

□2　期限後裏書

　(1)　期限後裏書の意義　　期限後裏書とは，支払拒絶証書作成後または支払拒絶証書作成期間経過後の裏書をいい，単なる満期後の裏書を指すのではない（手77条1項1号・20条1項）。

　期限後裏書にあたるか否かの判断にとっては，基本的には真実に裏書のなされた日が基準とされる。しかし，裏書の日付が記載されている場合には，一応その日に裏書されたものとの事実上の推定が働く。他方，裏書日付の記載がない場合には，支払拒絶証書作成期間経過前になされた裏書であると推

定される（手77条1項1号・20条2項）。支払拒絶証書作成期間経過前の裏書は，支払拒絶証書が作成されない限り，期限前裏書であって，単なる支払拒絶後の裏書も期限後裏書にはあたらない（最判昭31・12・21裁判集民24号545頁）。さらに，支払期日に手形交換に付された手形が不渡りとなり，手形裏面に交換スタンプが押捺され，契約不履行等を理由として支払いを拒絶する旨の支払銀行の付箋（不渡付箋）が貼付されて返還された後に，支払拒絶証書作成期間経過前に裏書された場合にも，不渡りの付箋等により満期後の支払拒絶の事実が手形面上明らかであるけれども，期限前裏書と解すべきである（最判昭55・12・18民集34巻7号942頁）。

(2) 期限後裏書の効力　期限後裏書は，手形が遡求段階に入り本来的な流通期間を渡過してからの裏書であるから，通常の裏書のように強度の流通力を認める必要はなく，民法の債権譲渡の効力しか有さない。したがって，期限後裏書には権利移転的効力は認められるが，この裏書により抗弁の制限や善意取得は生じない。そこで，手形債務者は，被裏書人の善意・悪意を問わずに，裏書人に対抗できるすべての抗弁をもって対抗できる。けれども，当然に，期限前裏書によってすでに制限されている人的抗弁は，期限後の被裏書人に対して，たとえこの者が悪意であっても対抗できない（同旨，最判昭37・9・7民集16巻9号1870頁，最判昭57・9・30金判658号9頁）（120頁）。

期限後裏書が権利移転的効力を有することに対応して，この裏書には資格授与的効力が認められる。しかし，民法の債権譲渡の効力しか有さないことから，裏書による流通に特有な担保的効力は有さない。

3　取立委任裏書

(1) 取立委任裏書の意義　裏書に「回収のため」「取立のため」「代理のため」などの単なる委任を示す文字を付した裏書を**取立委任裏書**という（手77条1項1号・18条1項）。この裏書は，被裏書人に裏書人の有する手形債権を行使する代理権を授与することを目的とする。このように取立目的が明示されている裏書のほかに，取立目的の明示はないが取立委任の目的でなされる裏書があり，前者を**公然の取立委任裏書**といい，後者を**隠れた取立委任裏**

書という。

(2) 取立委任裏書の効力　取立委任裏書は手形上の権利を移転する効力を有してはおらず，被裏書人は手形から生ずる一切の権利を行使する包括的な代理権を取得するにすぎない（手77条1項1号・18条1項本文）。したがって，この裏書は権利移転的効力，担保的効力を有さず，資格授与的効力のみしか有さない。ただし，資格授与的効力も，取立代理権授与の効力の範囲に対応した効力に限られ，裏書連続の評価の面では，介在する取立委任裏書の記載は無視される。

取立委任裏書の被裏書人は，裏書人の代理人として権利行使をするわけだから，当然に，手形債務者は裏書人に対して対抗できる抗弁のみを対抗できる（手77条1項1号・18条2項）。

4　隠れた取立委任裏書

(1) 隠れた取立委任裏書の意義　隠れた取立委任裏書とは，取立委任の目的をもって，通常の譲渡裏書の形式によりなされる裏書をいう。形式が簡便なこと，当事者が公然の取立委任裏書の方法を知らないこと，被裏書人は満期に取り立てるほか満期前に割引を受けられる便宜を有することから実際においては広く利用されている。取引銀行に対して取立委任がなされるにあたっては，この隠れた取立委任裏書による場合が多い。

(2) 隠れた取立委任裏書の法的性質　隠れた取立委任裏書は外形上は通常の譲渡裏書とまったく同一であるため，その法的性質に関して争いがある。有力な見解の第1は，通説である信託裏書説である。それはこの裏書も形式上通常の譲渡裏書と変わらず，隠れた取立委任裏書によって手形上の権利は完全に被裏書人に移転し，取立委任の合意は単に手形外での合意として当事者間の人的抗弁事由であるにとどまり，この裏書は手形債権の取立てのため，手形上の権利を信託的に被裏書人に移転するものであると解する。これに対して，第2の資格授与説は，手形上の権利はこの裏書にもかかわらず被裏書人に移転せず，依然として権利者は裏書人であって，被裏書人にはその名をもって権利を行使する資格ないしは権限が与えられるにすぎないと

解する。信託裏書説は隠れた取立委任裏書の形式面を重視し，資格授与説は実質面を重視する。資格授与説は信託裏書説に対してそれによると不当な結果となる点（後述(3)参照）を批判し，他方，信託裏書説は，資格授与説に対し，形式を重んずべき手形関係中に実質関係をそのまま持ち込む不当を犯していると批判する。判例は信託裏書説をとる（大判昭9・2・13民集13巻133頁，最判昭31・2・7民集10巻2号27頁，最判昭44・3・27民集23巻3号601頁）。

(3) **隠れた取立委任裏書の効力**　隠れた取立委任裏書の効力に関しては，その実質的目的と形式との大きなくい違いのゆえに難問が生ずるが，上記2説が以下の論点についてどのように解するかをみてみよう。

① **手形債務者が対抗できる人的抗弁の範囲**　資格授与説によれば，手形上の権利者は裏書にもかかわらず依然として裏書人であるから，手形債務者は当然に裏書人に対して有する抗弁のみを対抗できる。それに対して，信託裏書説によれば，手形上の権利は被裏書人に移転しているから，手形債務者は被裏書人自身に対する抗弁は対抗できるが，悪意の抗弁（後述108頁以下）が成立しない限り裏書人に対する抗弁は対抗できないことになる。しかし，信託裏書説は，隠れた取立委任裏書の被裏書人には人的抗弁制限の効力を享受することができる固有の経済的利益が欠けることを理由に，裏書人に対する抗弁を対抗できるとしている。

さらに，信託裏書説に立つと，第1に，手形債務者は被裏書人に対する抗弁を対抗できるかが問題になる。この場合には実質的に請求するのは裏書人であるから，被裏書人が実質関係を証明するときには，右抗弁を対抗できない。第2に，手形債務者が裏書人，被裏書人の双方に対して抗弁を有するときには，双方の抗弁を対抗できるかが問題になる。しかし，手形債務者は，一方で隠れた取立委任裏書であることを主張・証明して，裏書人に対する抗弁を被裏書人に対抗しておきながら，同時に被裏書人に対する抗弁をも対抗することは許されない。

② **取立委任が解除された場合**　資格授与説によれば，被裏書人は無権限となるから，手形債務者は請求を拒みうる。信託裏書説によれば，依然被裏書人が手形上の権利者のままであるが，手形債務者は権利濫用，信義則違反により請求を拒みうる。

③ 第三者による手形取得　　被裏書人が取立委任目的に反して裏書譲渡した場合，資格授与説によれば，この裏書は無権利者によるものであるから，悪意・重過失なき第三取得者は善意取得できる。信託裏書説によれば，譲渡人である被裏書人は権利者であるから，第三者は有効に取得でき，取立委任の合意という人的抗弁事由につき，抗弁の制限の有無が問題になるにすぎない。

5　質入裏書

(1) **公然の質入裏書**　　質入裏書とは，手形上の権利の上に質権を設定する目的で，「担保」「担保のため」「質入」「質入のため」「質権設定」などその他質権の設定を示す文言を記載してなす裏書をいう（手77条1項1号・19条1項）。取立委任裏書の場合と同様に，公然の質入裏書と隠れた質入裏書とがある。

　質入裏書の目的は，それにより被裏書人が被担保債権につき手形から優先的弁済を受けることにある。その目的のため，被裏書人は手形より生ずる一切の権利を行使できるが（手77条1項1号・19条1項），手形上の権利を取得するわけではなく，この裏書には権利移転的効力が欠ける。しかし，被裏書人は，取立委任裏書の場合と異なり，自己の名において自分のために権利を行使する。したがって，被裏書人は自己の固有の経済的利益を有するわけであり，手形債務者が裏書人に対して有する人的抗弁に関しては，通常の譲渡裏書の場合と同様，抗弁制限原則が働く（手77条1項1号・19条2項）。

　質入裏書には資格授与的効力がある。質入裏書のある手形を所持する者は，正当な質権者と推定され，その形式的資格に基づいて権利行使できる。その担保的効力に関しては争いがあるが，質入裏書の被裏書人は取り立てた金額で優先弁済を受けようとするものであり，裏書人により支払いの確実性が担保されて質入れされるものと解すべきであって，この裏書にも担保的効力を認めるべきである。

(2) **隠れた質入裏書**　　隠れた質入裏書とは，実質的には質入の目的をもって，形式的には通常の譲渡裏書をなすものである。隠れた質入裏書の

法的性質に関しては，隠れた取立委任裏書についてと同様の対立がある。

　質入目的は裏書当事者間の手形外での関係にすぎないが，被裏書人自身が固有の経済的利益を有することから，隠れた取立委任裏書におけるような形式と実質のくい違いによる難問は生じてこない。

III　手形の善意取得

□1　手形上の権利の取得

(1)　手形上の権利と手形に関する権利　　手形上の権利（Recht aus dem Wechsel）は，手形証券の所有権（手形所有権）である手形に関する権利（Recht an dem Wechsel）とは区別されなければならない。手形所有権を取得することを手形上の権利取得の要件と解する所有権理論は，今日一般に否定されている。確かに，手形にあっては権利と証券とがきわめて緊密に結合され，それにより手形は流通力を獲得し，手形証券は所持人に権利者としての資格を付与している。そして，通常，手形上の権利の移転とともに，手形に関する権利も移転されて，手形上の権利者は同時に手形所有権者でもある。しかし，手形証券への手形債権の表章という事柄は，手形証券の無価値性を前提とするものであり，手形証券は権利のための手段として意義をもつにすぎない。そこで，原則的に法的意味での手形に関する所有権の観念を考慮する必要はない。

　手形上の権利にとって，手形証券は目に見えない権利のシンボルとしての意義をもつ。物である証券の占有，証券に関する権利は，手形上の権利の保有，取得にとって，事実上の基準をなす。そこで，手形法では，手形を所持する者，すなわち，手形所有権者として資格付けられている者を，手形所有権者として，すなわち，手形上の権利者として取り扱うことが許される。このような権利の外観を有する非所有権者（無権利者）からこの外観を信頼して手形を取得する者は，手形所有権，すなわち，手形上の権利を有効に取得できる。これが善意取得の制度である（図-13参照）。

図-13

(2) 承継取得と原始取得　　手形上の権利の取得は，承継取得と原始取得とに大別される。前者には，裏書，交付，民法の債権譲渡の方法による場合や，相続，合併などによる場合があたる。後者の重要なものは，手形法77条1項1号・16条2項の規定する善意取得（即時取得）の制度である。

2　手形の善意取得

(1) 手形の善意取得制度の意義　　手形の善意取得の制度は，人的抗弁の制限（手17条），白地補充権濫用の抗弁の制限（手10条）とともに，手形流通強化のための代表的な制度である。裏書の連続する手形を所持する者には権利者としての形式的資格が認められ，手形流通強化のためには，このような権利者資格の外観に対し信頼して手形を取得する者が保護される必要がある。

　手形に関しては，動産の取引におけるよりも強く動的安全を保護すべきとの要請が働く。そこで，手形法16条2項は，民法192条の即時取得の規定に比較して要件を緩和している。すなわち，16条2項は，第1に，手形の占有が盗難・遺失により失われた場合にも善意取得を認め，第2に，民法192条では軽過失があれば保護要件を欠くのに対して，悪意・重過失なき取得であれば保護をする。

(2) 手形法的取得（善意取得の要件1）　　手形法16条2項の適用要件の第1は，手形取得者が裏書または引渡し（交付）という手形法的流通方法によって取得したことである。裏書による移転であっても，民法の債権譲渡の効力のみしか有さない期限後裏書による場合や，手形上の権利を移転せずに単に取立権限を授与するだけの取立委任裏書による場合には，善意取得は認められない。

(3) 裏書の連続（善意取得の要件2）　　手形取得者は，裏書の連続する手形を所持する譲渡人から，裏書または交付により手形の譲渡を受ける場合にのみ，善意取得が認められる。前述のように，裏書の連続が外見上中断している場合にも，所持人の実質的な権利の承継の証明により裏書の断絶を架橋できると解されるが，この立場によれば，断絶後の裏書による善意取得も認めてよいことになる。

　裏書の連続により手形所持人には権利者としての外観が付与される。しかし，この権利外観の効力は，これ以上に，手形を所持する者が最後の被裏書人の代理人であること（代理権の存在）や，最後の被裏書人として記載されている者と手形所持人との同一性にまで及ぶわけではない。

(4) 善意取得によって治癒される瑕疵の範囲（善意取得の要件3）

(イ) 制限説と無制限説　　善意取得の第3の要件は，この制度によって治癒される瑕疵の範囲にかかわる。従来の通説は，その範囲を狭く解して，無権利者からの取得のみに限定していた（制限説）。制限説に立てば，第3の要件は無権利者からの取得となる。制限説によれば，手形法16条2項にいう「事由ノ何タルヲ問ハズ……占有ヲ失ヒタル者」とは譲渡人以外の者を指し，「所持人ガ前項ノ規定ニ依リ其ノ権利ヲ証明スルトキハ」とは，譲受人である所持人が裏書により手形を取得し，さらに，譲渡人が裏書連続により資格付けられている場合を前提とする趣旨であると解することになる。したがって，制限説は，譲渡人と譲受人たる所持人との間の裏書行為が有効なことを前提として，真実はこの譲渡人が無権利者である場合にのみ，手形取得者に善意取得を認め，譲渡人が権利者ではあるが，制限行為能力，無権代理行為の場合や，裏書が無効または取り消しうる場合には，善意取得を認めない。

　それに対して，近時は，上記瑕疵の範囲は，譲渡人の無権利に限定されず，広く，裏書人の制限行為能力，意思の欠缺，意思表示の瑕疵，代理人の代理権の欠缺といった裏書行為が無効または取り消しうる場合や，裏書人の人違い（同一性の欠缺）の場合にも及ぶとする見解（無制限説）が有力となっている。無制限説は，手形法16条2項の「事由ノ何タルヲ問ハズ……占有ヲ失ヒタル者アル場合」とは，譲渡人自身が無効または取り消しうる裏書により手形の占有を失った場合をも含み，「所持人ガ前項ノ規定ニ依リ其ノ権利ヲ証明ス

ルトキハ」とは，現在の所持人が連続する裏書の最後の被裏書人であれば足りる趣旨であると解する。

　㈹　**2説の対立点**　　上記の2つの説は，まずもって，手形の善意取得制度の趣旨の理解をめぐって対立している。無制限説は，即時取得（善意取得）制度は，原権利者・譲渡人側の事情に依拠した返還（回復）請求権の制限という原初的形態から，取得者側の事情（善意）の重視へと歩を進めて，近代的な公信原則へと発展してきたものであって，それに照らせば，一般の動産よりも動的安全の保護が一層強く図られるべき手形等の有価証券においては，善意取得制度のより一層の展開として，取得者の善意によって治癒される瑕疵の範囲は拡大して解すべきであるとする。そして，手形取引の安全性の確保，すなわち，手形流通の強化のために，裏書人の無権利の場合についてだけでなく，広く善意取得は認められる必要があって，手形法16条2項もその文言上「事由ノ何タルヲ問ハズ」と規定して，広く善意の取得者の保護を図る趣旨を示しているとする。

　これに対して，制限説は，以下のように説く。すなわち，ローマ法上では，「誰も自分の有する以上の権利を移転することはできない」との原則に従い，所有権の移転に関し公信力は全面的に否定されていた。他方，ゲルマン法上では，所有権者が自由意思によりゲヴェーレ（Gewere，動産の取得行為によって生じた事実的支配状態）を与えた場合には，所有権者はその相手方に対してだけ返還請求をすることができるにとどまり，この者からさらに譲渡を受けた第三者に対しては返還請求できないとされていた（Hand wahre Hand の原則があてはまる）。これに対して，自由意思によらないゲヴェーレの喪失の場合（盗取，遺失の場合）には，返還請求は無制限に認められていた（豊崎光衛・手形法・小切手法講座3（1965年，有斐閣）135頁）。その後にローマ法の継受によって，「善意」「誠実」の観念が導入されて，取引安全の保護を図るための制度として，近代的な動産の善意取得の制度が成立するに至った。この自由意思による占有喪失か否かの区別のなごりは，わが国の民法193条にも示されている。制限説は，以上のような沿革に依拠して，手形の善意取得制度は所有者の占有喪失の原因の面では広く取得者を保護するが，上記沿革に照らせば善意取得制度は譲渡人と譲受人の間の譲渡行為が有効であることを前提と

していると解すべきであるから，善意により治癒される瑕疵の範囲は，民法192条と同様に，無権利の1点に限られるとする。

制限説は無制限説に対して，上記に加えてさらに以下のように批判する。すなわち，①無制限説によれば，制限行為能力，意思表示の瑕疵，無権代理に関する規定は適用がないのと同一の結果になってしまうと批判する。これに対し，無制限説は，制限行為能力者等は善意取得により手形上の権利は失うが，それにより直ちに自らが手形上の責任を負うわけではないから，静的安全はさほど害されないと反論する。②制限説はさらに手形法16条の規定の構造面から批判する。すなわち，規定の構造からみれば，明らかに2項は1項を前提としている。1項の規定する外観は，譲渡人の権利者資格にしか及ばず，譲渡行為には及ばないのであって，2項は，この権利者の外観に対し信頼して手形を取得する者を保護するのだから，譲渡人が無権利者である場合にのみ，手形取得者は保護されるはずである。無制限説によれば，1項と2項との内的な関連性が失われてしまう。これに対して，無制限説は，16条2項は手形流通強化のため，裏書人の形式的資格を越えて手形取得者を保護しているのだと反論する。

最高裁の判例には，無制限説に立つようにもみえるものがある（図-14参照）。それは，A会社の架空の名古屋出張所取締役所長と自称するCが，B会社からA会社名古屋出張所を受取人とする約束手形の振出しを受け，これに「A会社名古屋出張所取締役所長C」と裏書署名してDに譲渡した事案について，CがA会社を代理・代表する権限を有していなかった場合であっても，裏書が形式的に連続している限り，裏書により悪意・重過失なくして取得したDは善意取得できる旨を判示する（最判昭35・1・12民集14巻1号1頁）。しかし，この事案がはたしてA会社の無権代理人CからDが裏書譲渡された場合として構成できるものであったかに対して強い疑問が指摘されている。そして，本判決は無権代理という譲渡行為に関する瑕疵が善意取得の規定によって治癒されうるとしたとみることはできないとする見解が有力である（最判昭41・6・21民集20巻5号1084頁も，無権代理人からの手形取得に善意取得が認められることを前提としているが，この判決に対しても同様の疑問が指摘されている）。

(ハ) **私　見**　　無制限説，制限説の2つの学説が明確に対立するのは，最

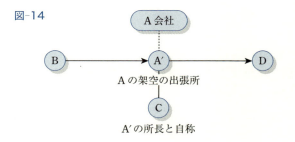

図-14

Aの架空の出張所

A'の所長と自称

終の被裏書人と所持人との同一性が欠缺している場合である。制限説は，手形法16条1項の形式的資格は同一性にまで及ばず，同条2項により同一性の欠缺は治癒されないとするから，裏書取得にあたって，取得者は身分証明書等によって相手方の同一性を確認することが必要になる。これに対して，無制限説によれば，たとえ面識のない未知の者から取得する場合であっても，当然，取得者はこのような同一性確認を要求されない。実際には，取得者は，裏書人の担保責任を追及する可能性を考慮すれば，裏書人の身元を確認したうえでないと手形を取得するわけにはいかないだろうが，手形流通の強化という面からは，取得にあたって，同一性の確認は不要であるとすべきである。しかし，未知の者からの取得にあたっては，善意取得の第4の要件である取得者の保護要件（善意・無重過失）の面で，実質上は注意義務が強化されるであろう。

　手形の善意取得制度成立の沿革に照らすとき，必ずしも制限説の説くように譲渡人の無権利という瑕疵だけがそれにより治癒されると解すべきことになるわけではないと考えられる。他方，理論的にみると，手形法16条1項の形式的資格，すなわち，推定の効力は，譲渡人が権利者であることにしか及ばず，その制限行為能力，代理権，同一性等には及ばないことは明らかである。したがって，16条1項と同条2項との関連性を強調する限りは，2項は1項による権利者としての外観を信頼する者を保護する規定であると理解すべきことになって，制限説が正当と解することになる。しかし，手形法16条2項の立法過程をみてみると，この規定が上記のような整合性をもって規定されたものかは疑問であって，立法過程からは1項と2項との間の内的関連

性の存在を根拠付けることはできない（田邊光政・手形流通の法解釈（1976年,晃洋書房）83頁以下）。そこで，手形法16条の1項と2項との文言上でのつながりにもかかわらず，手形流通の強化のために，権利者の外観に対する信頼の保護に準じて考えることのできる限りでは，無権利者からの取得の場合以外の広汎な場合にも善意取得の成立を認めることができると考える。したがって，私見は無制限説をとる。手形法16条2項の法文は，単に普遍的に保護される無権利者からの取得を前提として規定されたにすぎず，その適用範囲は取引の需要に応じて拡大して解することができる。

(5) 善意・無重過失（善意取得の要件4）

(イ) **悪意・重過失なき取得** 手形の善意取得の第4の要件は，悪意・重過失なき取得である。悪意および重過失の概念は，(4)にみた善意によって治癒される瑕疵の範囲の理解に応じて異なってくる。無制限説に立つときには，悪意とは自己への手形の譲渡に瑕疵があることを知っていることを意味し，重過失があるとは，手形取引上通常必要な注意を著しく欠いたために，このような瑕疵の存することを知らないで取得したことを意味する。したがって，手形取得者は，社会通念に照らし譲渡人の権利，権限について相当程度の不審がある場合には，一定の調査（注意）義務を負い，それを尽くさずに漫然と手形の譲渡を受ける場合には，重過失のある取得にあたる。

取得者の悪意・重過失の有無は，手形取得の時点を基準として判定される（通説，大判昭2・4・2民集6巻118頁）。後日に瑕疵を知るに至っても，善意取得の効力には変わりがない。

(ロ) **重過失の認定** 取得者が手形を面識のない者から取得するというだけでは，未だ格別に調査義務を負ってはいない。社会通念に照らして疑念を抱くべき相当な事情がある場合にのみ，相手方の権利，権限について確認すべき注意義務が生じて，それを怠れば重過失があることになる。手形の流通性に照らせば，銀行等の金融機関や金融業者は，手形取得にあたり，特別な注意義務を負っていると解すべきではない（最判昭47・11・10判時689号103頁）。これらの者は，新聞の手形無効広告や盗難広告，および，公示催告の公告・除権決定の速報等を掲載する業界新聞，さらには官報に記載の公示催告の公告等について調査すべき義務を負ってはいない。

具体的に疑いを抱くべき相当な理由があるといえる事情が存すると認められるか否かは，多くの場合，種々の要素を総合して判断すべきことになるが，判例で重過失の認定された比較的明快な例を示そう。①第一裏書欄の裏書人の住所とその代表取締役の氏名が誤記され，その名下に判読しにくい字体のきわめて粗末な彫りの印判の印影が押捺されていた場合（大阪高判昭44・6・28判タ239号272頁）や，振出人名下の印影と貼付された収入印紙に押捺された印影とが相違しており，かつ，必ずしも少額とはいえない手形の裏書人の住所として「飯場」という表示がなされていた場合（東京地判昭42・1・17判タ205号158頁）のように，手形面上から一見して疑念を抱くべき場合であるにもかかわらず，何らの調査をしなかった場合に，重過失が認定されている。②1年ほど前に解雇した20歳代の元従業員が突然やってきて，「電気工事関係の取引先からもらった確かな手形だ」と称して割引を依頼したところ，振出人と裏書人の信用照会はしたが，その入手先について調査せずに割引取得した場合（東京地判昭36・10・18手形研究51号10頁）や，振出会社の代表者個人名義の盗難小切手を直前に交付した前歴のある同一人物から，その小切手の代替物として当該約束手形を交付されたにもかかわらず，振出名義人または支払担当銀行に照会することもなく取得した場合（最判昭52・6・20判時873号97頁）のように譲渡人の素姓，信用に不審な点があり，譲渡人自体について適法な手形所持人であることに疑念を生ぜしめる事情が認められる場合に，重過失が認定されている。

　さらに，近年，上場企業等の優良企業から商取引に基づいてその振出手形を受け取った会社が，会社事務所の金庫中に保管しておいたところ，事務所荒らしに手形を盗取され，偽造の裏書がされて，手形割引業者等に持ち込まれるという事件が多発している。これらを手形割引により，または，貸付の担保として取得した手形割引業者等の手形金請求に対して，善意取得を否定するという判決が多く出ている（東京地判平7・6・27判タ918号237頁，東京地判平11・5・27判タ1017号222頁，東京地判平11・5・28判タ1017号219頁など）。これらの事例では，上場企業等の優良企業が振り出した手形であれば，本来は容易に銀行等で手形割引が受けられるのに，それをしないで，あえて町の金融業者や個人に高率の割引料で割り引いてもらうという不自然な状況があ

る。しかも，信用力の不確かな会社や個人の裏書が付されていたり，所持人自身の信用も疑わしいという事情もあるという点で共通する。そこで，手形割引をする手形取得者は取得に際して，所持人の権利について疑念をもって当然であり，その入手の経緯を確認したり，振出人や支払銀行に照会するなどの確認をすべきであったから，それを怠った点に重過失があるとされている。

(6) **善意取得の効果**　手形法16条2項の法文からは，善意取得の効果は，取得者が単に「手形を返還する義務を負わない」点にあるとされている。すなわち，法的効果は，直接的には，所有権者からの返還請求権の制限にあることになる。しかし，このような規定の仕方は，即時取得制度の沿革に由来するものにすぎず，その本来的な意味は，取得者の手形上の権利の取得，およびその結果としての原権利者の権利喪失にある。

なお，手形上の権利を善意取得した所持人から，悪意で手形を取得する者は，前者である手形所持人の有している権利を承継取得するのだから，当然にその者について善意取得が認められるか否かは問題にならない。したがって，いったん，善意取得が成立すれば，原則的に後の取得者はその善意・悪意にかかわらず保護されることになる。

第 6 章
手形抗弁の制限

I 手形抗弁とその制限

　手形金の請求を受けた手形債務者が，支払いを拒絶する理由として主張できる一切の事由を**手形抗弁**という。一般的に，裏書は特殊な債権譲渡とみられているが，民法の債権譲渡においては，ローマ法上の nemo plus iuris transferre potest quam ipse habet（誰も自分の有する以上の権利を移転することはできない）の原則に従って，債権はその同一性を失うことなく譲受人に移転されるので，債務者は譲渡人に対して有しているすべての抗弁を譲受人に対して対抗できるのが原則である（参照，民 468 条 1 項）。しかし，手形法上では，**手形流通の強化のために，抗弁制限（切断）の制度が設けられている**（手 17 条）。手形抗弁制限の原則は，実際の取引の必要性から学説上も立法上も古くから認められてきた。ここにおいては，法理論上，抗弁の制限と，上記の nemo plus……原則の対立が生まれ，ドイツにおいては，18 世紀以来，抗弁制限の原則の根拠付けは学説上中心の争点となってきた。そして，債権者が有する固有かつ直接的権利を基礎付けるために，様々な理論（**手形理論**）が生み出されるに至った。

　手形法上において，すべての手形抗弁が制限されるわけではなく，**制限されうる抗弁**（**人的抗弁**）と**制限されえない抗弁**（**物的抗弁**）とに分けられる。手形法 17 条は人的抗弁の制限を規定するが，今日，17 条はすべての人的抗弁の制限を規定するものであるとは考えないのが一般的であり，人的抗弁の種類に応じて，その制限の根拠として異なる規定があてられている。そして，それに対応して，保護される手形取得者に要求される主観的保護要件も異なってくる。

Ⅱ 人的抗弁制限の法的根拠

抗弁制限の根拠は，まずもって，明らかに経済的理由にある。善意の手形取得者が，取得にあたり自己の知らない抗弁を債務者によって対抗されることがないと期待できるときにのみ手形の流通は促進される。しかし，法律論としては，さらにこれ以上の理論的根拠が争われている。

抗弁制限の理論的根拠は権利外観理論に求められるべきである（今日の有力説）。手形法17条においては，手形債務者は自ら流通を予定されている証券を作成（署名）した点に帰責性が認められる。この手形証券は抗弁を免れた完全な権利を表章するかのような外観を有しているから，この外観に対して信頼する手形取得者は保護される。

通常の債権譲渡においては，債権はその同一性を失うことなく移転されるから，抗弁は債権に付着したまま移転され，譲受人に対しても対抗されることになる（これがnemo plus……原則適用の効果である）。これに対して，手形法17条はこのnemo plus……原則を排除する機能を有する。そこで，抗弁制限という法的現象については，手形上の権利に付着する抗弁は，本来的に譲受人に対しても承継され対抗されるべきものだが，抗弁制限則が働くことにより，善意の譲受人には抗弁の除去された，いわばきれいな権利が移転され，以後はこのきれいな権利があたかも有体物であるかのように移転されるというように観念するのが伝統的な一般的立場である。これを前提にすると，権利外観理論の立場からは，本来的には承継されるべき抗弁が例外的に善意の第三取得者に対して制限され，取得者が悪意のときには本則に従って抗弁が承継されると考える。

以上に対して，原因関係に基づく人的抗弁の制限の理論的根拠を無因性に求める見解がある（田邊・最新手形法小切手法156頁以下，倉沢康一郎・金融・商事判例381号2頁以下など）。これによれば，裏書譲渡にあたって手形債権とは切り離されている人的抗弁の制限があるのが本則であって，取得者が悪意の場合には，特別に悪意の抗弁（後述Ⅲ）が成立すると解する。第三取得者は手形の移転により自己固有の権利を取得することになる。

19世紀のドイツ手形法学においては，無因性の観念が支配的力を振るったが，その理由は，無因性が原因関係に基づく抗弁の制限の根拠として働き，手形流通を促進すると考えられたことにある。しかし，その後に，無因性に基づいて抗弁の制限を根拠付けることは否定されるに至った。なぜなら，無因債権の移転にあたっても債権譲渡の一般原則が働くからである。つまり，無因性に基づいて抗弁の直接の相手方も完全な手形債権を有していると観念しても，裏書によってこの債権とともに，この直接当事者間では抗弁を対抗できるという関係，すなわち，いわば債権に付着する抗弁も，本来的に譲受人へ移転されると考えられるためである（河本一郎「手形法における悪意の抗弁」民商法雑誌36巻4号49頁）。

III 悪意の抗弁

□1 手形法17条の適用要件

手形法17条の適用要件の第1は，取得者が手形法的流通方法により手形を取得することである。裏書，振出しおよび交付（受取人白地の手形や白地式裏書のある場合）によって手形を取得した場合にのみ，手形所持人は人的抗弁制限の利益を享受できる。裏書による取得であっても，民法の債権譲渡の効力だけしか有さない期限後裏書の場合，取立権限を授与するにすぎない取立委任裏書の場合，さらには隠れた取立委任裏書の場合には，抗弁の制限は認められない。

第2の適用要件は，取得者が善意で手形を取得したことである。人的抗弁制限の制度は，手形流通強化の目的を有するから，手形取得者が取得の時点において，抗弁の存在を知っていて保護に値しない場合には，抗弁の制限は認められない。

□2　悪意の抗弁の意義

　手形法17条但書は,「所持人ガ其ノ債務者ヲ害スルコトヲ知リテ」手形を取得する場合には,手形債務者は所持人に対して前者に対する人的関係に基づく抗弁をもって対抗できる旨を規定する。この場合に,債務者は,この悪意の取得者に対抗できる抗弁を直接的な抗弁として有することになる。これを悪意の抗弁（exceptio doli）という。悪意の抗弁の対抗とは実質的には前者に対する人的抗弁の対抗を意味する。取得者が悪意の場合には,債権譲渡の本則に立ち戻って,手形債権に抗弁が付着して移転され,抗弁は承継されることになる。

□3　「債務者ヲ害スルコトヲ知リテ」の意味

　(1)　**学説の対立**　　手形法17条但書の「債務者ヲ害スルコトヲ知リテ」,すなわち悪意の意味内容に関しては争いがある。ジュネーヴ手形統一法会議では,単なる抗弁の存在の認識（悪意）では広すぎ,裏書人と被裏書人との間に抗弁排除のための詐害的合意が存することでは狭すぎるとされて,現行の条文が採用されたという経緯がある。そこで,現在では,上記悪意については,手形取得者が抗弁の存在を認識しているだけでは足りず,それ以上に債務者の損害の認識を要すると解することで一致している。ここで「債務者ヲ害スル」とは,債務者が取得者の前者に対して対抗できる抗弁の主張が取得者の手形取得によって妨げられるという点において,すなわち,抗弁の喪失（制限）によって債務者に損害が生ずるということを意味すると一般に解されている。

　この法文の解釈に関する主要な学説の第1は,かつての通説である単純認識説である。それは,通常は抗弁の存在の認識だけで「害スルコトヲ知リテ」にあたるが,例外的に抗弁の存在を知っているが害することの認識を欠く場合がありうるとする。判例は基本的にこの立場によっていると考えられる。この説によると,①取得時に存在する抗弁が将来排除されることをまったく期待できない場合には,「特別の事情」がなければ,抗弁の存在の認識だけで

悪意の抗弁は成立するが，②取得時には抗弁（瑕疵）が満期までに成立するか否かが不明な場合，および，③抗弁が取得時には存在しているが満期までには消滅すると期待できる場合については，取得者が手形取得にあたり，満期における抗弁の存在の認識，すなわち，予見を有していたか否かが，悪意の抗弁の成立にとって決定的であると考える。②のケースにおいては，抗弁（瑕疵）が将来成立すると知る取得者こそが悪意者であって，抗弁（瑕疵）を生じうる事情にとどまらず，それ以上に，抗弁が将来成立するという事情を知ることが決定的である。③のケースにおいては，取得者が瑕疵が排除されるであろうと信じるのに正当な理由を有する場合には，悪意には該当しない。

この単純認識説は，現実の諸事例に照らせば，例外的ケースにあたる上記②に該当する場合が多いため，具体的争訟において裁判官の判定にゆだねる部分が大きく，抗弁の成立の仕方の多様性および抗弁事由の多様性に対応しきれないのではないかと批判され，手形法17条の「悪意」の表式を理論的に十分に解明したとはいえないと批判されている。

そこで，上のような多様性に対応するために，より明確な一般的基準を与えようとするのが第2説の河本フォーミュラである。それは，「債務者ヲ害スルコトヲ知リテ」とは，取得者が手形を取得するにあたり，満期において，手形債務者が取得者の直接の前者に対し抗弁を主張することは確実であるとの認識を有していた場合を指すとする。そして，抗弁事由の種類（内容）に応じて，ⓐ単なる原因事実だけで，債務者が満期において前者に対して抗弁を主張するのは確実であるとの認識の形成されうる場合と，ⓑ原因事実についての認識以外に付加的事実について認識が付加されてはじめて，抗弁主張の確実性についての認識が形成されうる場合とに分けられるとする。この説は今日の通説といえる。

(2) 具体的適用　具体的に以下のような事例によって，両説がどのように解するかをみてみよう（図-15参照）。AはBに対し，売買代金の支払確保のため，約束手形を振り出し，BはこれをCに裏書譲渡した。その後に売買契約は，Bが商品引渡を履行しないため，または，契約締結時にはすでに製造元でその商品の生産を中止していたので，引渡しが原始的に不能であったため，無効となりまたは解除されるに至った。Cは手形取得にあたって，

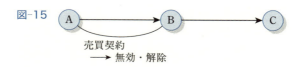

図-15

売買契約
→ 無効・解除

上記の手形振出しの事情と商品が結局は満期までに引き渡されないだろうということ，または売買契約が原始的履行不能に基づき無効であるかまたは解除されるだろうということを熟知していた。

単純認識説によると，手形振出しの原因関係である売買契約が原始的に履行不能なものであるときには，未だ無効と主張されたり解除権が行使されていない間にも，売買契約上の瑕疵の存在だけで抗弁事由が存在すると考えるので，上述のケース①にあたることになる。したがって，債務者Aは，取得者Cが上記抗弁事由の存在を認識していたことを証明すれば，悪意の抗弁を対抗できる。①のケースでは，Cはその対抗を免れるためには，抗弁事由が後に排除されることを信じるについて正当な理由があったという「特別の事情」を証明しなければならないが，これはここでの例では不可能である。他方，Bの債務不履行に基づいて契約が解除されるときは，上述のケース②にあたる。ここでの設例では，Cは抗弁（瑕疵）が将来において成立すると知っている悪意の取得者といえる。債務者Aは悪意の抗弁対抗のためには，Cが抗弁を発生せしめる事実関係を認識していたこと，および，この抗弁を成立せしめる付加的事実を認識していたことを証明しなければならない。

次に河本フォーミュラによると，売買契約が原始的に履行不能なものであるとの原因事実の認識だけで，債務者Aが満期において前者（B）に対し抗弁を主張するのは確実との認識が形成される場合（ⓐの場合）にあたる。そこで，Cの手形取得の時点ですでに売買契約が無効と主張されまたは解除権が行使されていたか否かにかかわりなく，AB間の売買契約が履行不能なものであるとCが認識していたことを証明すれば，AはCに対し悪意の抗弁を対抗できる。この場合には，Cは反証によって悪意の抗弁の対抗を免れることは不可能である。Bの不履行に基づいて売買契約が解除された場合に関しては，通常売主は商品引渡しを履行すると考えられるので，手形が売買代金債

務の支払確保のために振り出されたとの事情を知るだけでは，取得者は未だ悪意にはあたらない。これは，河本フォーミュラによれば，ⓑの原因事実についての認識以外に付加的事情についての認識が付加されてはじめて，満期における債務者の抗弁対抗の確実性の認識が形成される場合に該当する。本設例のように，売買契約が売主の不履行により結局解除されることを熟知している場合には，解除権が未だ手形取得時には行使されていなくても，また，取消権または解除権などの成立についての認識がなくても，悪意の抗弁は成立する。

　悪意の抗弁の対抗が認められるか否かが問題となった最高裁判決として，最判平7・7・14判時1550号120頁がある。この事案の事実の概要は次のようである（図-16参照）。すなわち，A有限会社（代表者B）は，平成3年10月2日，金融業者のC有限会社から，弁済期日を平成4年10月1日として，6,000万円の貸付を受け，その際に，借入金に対する3カ月分ごとの利息の支払いのために，額面450万円の約束手形3通を振り出したが，本件手形はそのうちの平成4年7月2日から同年10月1日までの利息支払いのための手形であり，Bの妻であるYとBとが保証の趣旨で裏書をしたうえでC会社に交付した。C会社の関係者で，この貸付の資金を提供したXは，平成3年11月28日，本件手形がその取得当時未だ発生していない利息の支払いのために振り出されたことを知りながら，これをC会社から裏書により取得したが，A会社は，弁済期前で右利息発生前の平成4年2月12日に，貸付金元本全額を弁済したため，上記利息債権は発生しないことが確定した。Xは，支払期日に支払いを拒絶され，A会社，B，Yに対して，手形金の支払いを求めて本訴を提起した。

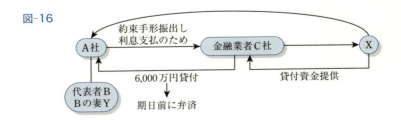

図-16

本最高裁判決は，「手形所持人が，手形を取得する際に，当該手形が貸付債権の未発生の利息の支払いのために振り出されたものであることを知っていても，貸付債権の約定利息は時の経過により発生するのが通常であるから，貸付債権の元本が弁済期前に弁済され利息が発生しないであろうことを知っていたなど特段の事情がないかぎり，手形法17条但書にいう「債務者ヲ害スルコトヲ知リテ手形ヲ取得シタルトキ」にはあたらないものというべきである。」と判示している。

　本判決の事例は，上記②の手形取得時には抗弁が満期までに成立するかは不明なケースに該当する。本判決は，貸金債権の約定利息は時の経過により発生するものであり，貸金債権の元本が弁済期前に弁済されるという事態は例外的な場合だろうから，未発生の貸付利息の支払いのために振り出された手形であることを知るだけでは，取得者は未だ悪意にはあたらず，それ以上に貸金債権の元本が弁済期前に弁済され当該利息が発生しないことを予見していたなどの特段の事情のない限り，悪意の抗弁の対抗は認められないとする。

(3) **重過失による不知**　　重過失による抗弁の不知の場合には，悪意の抗弁は成立しない（通説，最判昭35・10・25民集14巻12号2720頁）。手形法17条但書は重過失についてまったくふれていないが，ジュネーヴ手形統一法会議においては，取得者が抗弁の存在について認識していることが悪意の抗弁成立の前提要件とみなされており，それが欠けるときには悪意の抗弁成立の余地はないと考えられたためであると考える。

(4) **悪意の認定時期**　　取得者の悪意の有無は手形の取得時を基準にして決せられる。取得後に抗弁の存在を知っても悪意にはあたらない。旧手形を善意で取得した者が，その後に抗弁の存在を知って手形の書替え（後述139頁）を受けても，書替え後の新手形につき悪意の取得者として人的抗弁の対抗を受けることはない（最判昭35・2・11民集14巻2号184頁）。所持人の悪意の証明責任は債務者が負担する（通説）。

Ⅳ 人的抗弁と物的抗弁

□1 総　説

　今日，一般に手形法17条はすべての人的抗弁を制限するものではないと解されている。手形法の統一にかかる1912年のハーグ草案では，手形所持人に対抗できる抗弁の列挙は見落としが避けられないとの理由で断念され，否定的な表現の仕方が採用されて，その立場が現行の17条に引き継がれた。しかし，17条の反対解釈として，17条が制限するとしていない抗弁はすべて絶対的に対抗できると解することは，手形法自体が手形抗弁をどのように分けているかが不明な以上，説得力を欠くとともに，まったく現実にも適合しない。

　人的抗弁という概念には広狭二義がある。狭義には，手形法17条にいう「前者ニ対スル人的関係ニ基ク抗弁」を意味するが，広義には「制限されうる抗弁」を意味する。広義の人的抗弁は，その内容，種類に応じて，その制限の根拠規定を異にする。

　手形抗弁は一般に，制限されうる人的抗弁と制限されない物的抗弁とに分けられる。しかし，手形法上この2つの抗弁の区分の定めはなく，理論によって決するほかはない。抗弁制限の趣旨を踏まえて，手形流通の強化の理念に基づいた取得者の利益の保護と，手形債務者の利益の保護とを比較衡量して，具体的な抗弁事由について個別的にいずれにあたるかを決定すべきである。初めに物的抗弁を定めて，それ以外はすべて人的抗弁とするのが通例である。

□2 物 的 抗 弁

　物的抗弁とは，特定またはすべての手形債務者がすべての手形所持人に対して対抗できる抗弁をいう。その例としては以下のものがあげられる。

　(1) 手形の記載（形式）に基づく抗弁　　手形上の権利の内容・効力は手形上の記載によって定まり，また，手形の外観から認識することができる

ものであるため，手形上の記載（形式）に基づく抗弁は物的抗弁である。基本手形の必要的記載事項の欠缺の抗弁（手2条1項・76条1項），手形上明瞭な支払済み・免除・相殺の抗弁（手77条1項3号・39条1項），一部支払の記載がある旨の抗弁（手77条1項3号・39条3項），満期未到来の抗弁，有害的記載事項の記載がある旨の抗弁などがこれに属する。

(2) **手形上の権利が有効に存在しない旨の抗弁**　この種の物的抗弁は手形上の記載からは明瞭ではなく，手形取得者保護の見地からは広く認められるべきではないが，債務者の利益保護のために物的抗弁とされる。しかし，人的抗弁との限界は流動的であり，時代とともに制限される傾向にある。意思能力を欠くとの抗弁，制限行為能力に基づく取消しの抗弁，権利保全手続欠缺の抗弁（手77条1項4号・53条），無権代理による旨の抗弁（手77条2項・8条），偽造手形の抗弁，変造手形の抗弁（手77条1項7号・69条）などがこれに属する。以上のうち，無権代理の場合には取得者は表見代理の規定により保護され，被偽造者および変造前署名者が取得者に対して外観に従った責を負う場合があることは前述のとおりである。

(3) **供託・除権決定・時効消滅の抗弁**　供託による手形債務の消滅の抗弁（手77条1項3号・42条），除権決定によって手形が無効となった旨の抗弁（非訟118条1項）は，手形上の記載からは分からないが物的抗弁である。時効による手形債務の消滅の抗弁（手77条1項8号・70条）は，手形の記載から明らかになるか否かにかかわりなく物的抗弁である。

3　人的抗弁

人的抗弁とは，特定またはすべての手形債務者が特定の手形所持人に対してのみ対抗できる抗弁である。物的抗弁以外のすべての手形抗弁は人的抗弁にあたる。その例としては以下のものがあげられる。

(1) **原因関係に基づく抗弁**　特定の手形債務者と特定の手形債権者との間の実質関係（原因関係）に基づいて生じた抗弁である。これは，手形法17条の規定する「人的関係ニ基ク抗弁」に該当し，人的抗弁の中心をなすものである。手形行為の原因関係に基づく抗弁としては，原因関係の無効，不

存在または取り消された旨の抗弁，対価が欠缺する旨の抗弁，割引金不交付の抗弁などがあげられる。これらはすべて手形法17条の規定によって制限される人的抗弁である。

(2) 原因関係不法の抗弁　これは原因関係の法令違反・公序良俗違反に基づく抗弁である。原因関係が賭博に基づく債務であること，利息制限法違反にあたる高利の支払いのための手形行為であること（利息制限法1条），信託法10条違反の訴訟信託に該当する裏書譲渡であること等の抗弁である。この原因関係不法の抗弁が成立する場合に手形行為自体は有効なのか無効なのかは，一つの論点をなしており，いずれの規定によって制限されるかに関して相違を生ずる。信託法10条違反の裏書の場合については，裏書自体が無効となり，当該所持人は無権利者となるとするのが判例（最判昭44・3・27民集23巻3号601頁），多数説である。裏書自体を無効とすれば，当該所持人に対して無権利の抗弁が成立し，それは手形法16条2項により制限されることになる（後述(7)）。

(3) 融通手形の抗弁・交換手形の抗弁

(イ) **意　義**　融通手形とは，何ら現実の商取引がないのに手形を交付し，被融通者にこの手形を利用して他から割引により金融を得させようとするものである（図-17参照）。融通手形が相互に交換的に振り出され，両者が双方的に第三者から割引を受けることにより金融を得ようとする場合に，これらの手形を交換手形（相落手形，書合手形）という（図-18参照）。

融通目的で約束手形を振り出して被融通者に交付した者は，この受取人自身が手形金を請求する場合には，融通手形である旨の抗弁を対抗して当然に

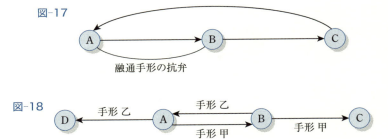

支払いを拒むことができる。この抗弁を**融通手形の抗弁**という。しかし，この**融通手形の抗弁は，単に融通手形である旨を知って取得するだけの第三者に対しては原則的に対抗できない**（通説，最判昭34・7・14民集13巻7号978頁）。融通手形振出しの目的は，振出人の信用によって受取人が第三者から金融を得られることにあるから，融通手形であることを知る者によっても有効に割り引かれ，また，融通手形の抗弁が割引人に対抗できないというときにのみ，金融の実効を上げることができるからである。融通手形の振出しに際しては，振出人に金銭上の負担をかけないとか，支払期日までには支払資金を供給するといった約束を伴うのが普通である。しかし，このような当事者間の合意は融通手形の性質上当然のものであって，このような合意も融通手形の抗弁の中に包含されるものとして，同様にそれを知って取得する第三者に対抗されないと解されている（通説）。

融通手形の抗弁が第三者に対して対抗できないことの法的根拠は，従来，融通手形の抗弁は一般の人的抗弁と異なって，もともと手形の譲受人に承継される余地のない特殊な性格をもった生来的な人的抗弁であるということに求められていた（従来の多数説）。しかし，①被融通者が満期までに融通者に対して支払資金を供給しないこと，または，その供給はされることがないと知りながら手形を取得する場合，②融通当事者間にその手形の利用期間の定めがあることを知りながら，その期間経過後に取得する場合（通常は手形の満期を渡過すれば，その手形は融通手形としての性質を失うと考えられる），③資金を一定期日までに供給すべき合意があり，未だその供給のないことを知りながら，その期日経過後に取得する場合，④割引によってではなく無償で融通手形であることを知りながら取得する場合などには，債務者はこの手形取得者の手形金請求を拒むことができると考えられている。交換手形の場合にも，各自が振り出した約束手形は各振出人が支払うが，一方が支払いをしなければ他方も支払いをしない旨の合意を伴う場合が多く，このような特約にもかかわらず一方が支払いをしなかった（不渡りとなった）場合に，その事実を知りながら（または不渡りになることを知りながら），他方の者が振り出した手形を取得した第三者に対しては，この手形の振出人は支払いを拒むことができる（最判昭42・4・27民集21巻3号728頁）。

㈡　**学説の対立**　以上のように原則的に第三者に対抗できない融通手形の抗弁を取得者が一定の付加的事情を知る場合に対抗できる法的根拠に関しては，学説上争いがある。融通手形の抗弁は生来的な人的抗弁であると解したうえで，第1説は，上記のような諸場合には一般悪意の抗弁が成立するとする。第2説は，融通手形であること以外の付加的事情に基づいて，融通手形の抗弁とは別の人的抗弁が成立して，悪意の抗弁の対抗が認められるとする。第1説に対しては，一般条項の利用はできる限り避けるべきであると批判される。第2説に対しては，融通手形の抗弁以外の抗弁の成立を考える点に疑問がある。すなわち，後者に対抗されうる抗弁事由は，融通手形であるという事柄と不可分な関係にあるから，手形授受の時点から当事者間で対抗することのできた融通手形の抗弁の第三取得者に対する対抗として構成すべきではないだろうか。さらに以上の2説に対しては，それらは裏書を債権譲渡とみる通説的立場とは合致しないと批判される。すなわち，通説は手形債権に人的抗弁が付着して後者に移転するのを本則とし，抗弁制限の原則によりそれが除去されると解するが，融通手形の抗弁だけが裏書により後者に移転しない生来的に人的な抗弁であると解することは理論上疑問があると批判される。

　以上の2説と異なり，第3説は，融通手形も一般の人的抗弁と異なることなく後者に承継されうると解したうえで，融通手形であることを知るだけでは悪意の抗弁は成立しないが，付加的事情の認識により悪意の抗弁が成立するとする。この説は手形法17条但書の「悪意」の意味内容を河本フォーミュラに求めているので，それでは，融通手形の抗弁は振出人にとって被融通者の請求に対して常に対抗が確実なものとなって，第三取得者が融通手形であることを知っていれば，常に悪意の抗弁が成立することになるはずだと批判される。

　以上の3説は，融通手形の抗弁の存在を融通当事者間に認める一般的立場によるものである。これらと異なり，近時はそのような抗弁を融通当事者間で認めることの必要性を否定する見解がある。融通者は被融通者との融通契約に従って手形が融通目的に利用される場合には支払いを拒めないのであって，融通契約違反のときまでは当事者間にも何ら抗弁事由が存しないと考え

て，この融通契約違反の抗弁につき悪意の抗弁が成立すると解する（木内・金融・商事判例 349 号 5 頁，田邊・手形流通 141 頁）。しかし，融通当事者間における受取人の支払請求に対して，それを拒む根拠として，融通手形の抗弁を観念すること自体はきわめて自然であり，また，融通契約の中核をなすのは融通手形であることだから，融通当事者間における融通手形の抗弁の成立を議論の出発点とすべきと考える。

(4) **手形上の権利の成立に関する抗弁**　交付欠缺の抗弁，通謀虚偽表示，錯誤，詐欺，強迫による手形行為である旨の抗弁，手形面上記載なき支払い・一部支払・免除・相殺・支払猶予の抗弁，白地補充権の濫用の抗弁などがこれに属する。これらのうちすでに述べたものを除いて論ずると，後述(5)にみるように異なる見解も近時は有力であるが，支払いの抗弁は従来，手形法 17 条によって制限される抗弁と解することで一致していた。相殺の抗弁は融通手形の抗弁と類似した性格を有する。反対債権の存在することだけを知って取得する者に対しては，この事由は対抗されえない。しかし，すでに相殺がなされたこと，もしくは裏書人が破産していることを知っている場合，または，裏書人との間に共謀が存する場合には，債務者は相殺の抗弁によって取得者の請求を拒むことができる。

(5) **有効性の抗弁**　近時，権利外観理論を前提としたうえで，手形抗弁の 1 類型として「手形債務の有効性に関する抗弁」を認めて，統一的取扱いを主張する見解が有力に唱えられている（新抗弁論）。これによると，有効性の抗弁のうちで人的抗弁に属するとされるのは，交付欠缺の抗弁のほか，支払いの抗弁，相殺の抗弁，意思表示の瑕疵の抗弁などの手形債務の存在・消滅にかかわる抗弁であるとする。それは手形法 17 条の適用によって制限されうる「人的関係に基づく抗弁」と区別され，手形法 16 条 2 項もしくは同法 10 条の類推適用によって制限される抗弁であるとする。

(6) **すべての手形債務者が特定の所持人に対して対抗できる人的抗弁**
弁済受領能力欠缺の抗弁（所持人が破産者であるとか，手形債権が差し押さえられているとの抗弁），裏書の連続が欠ける旨の抗弁（手 77 条 1 項 1 号・16 条 1 項），無権利の抗弁（無権利者の抗弁）などがこれに属する。

(7) 無権利の抗弁（無権利者の抗弁）

(イ) **無権利の抗弁の意義**　所持人が裏書の連続する手形による形式的資格に依拠して請求する場合にも，当該所持人が無権利者であれば，手形債務者はその実質的な無権利を証明して支払いを拒みうる。このような抗弁の成立する場合としては，所持人が盗取，横領，拾得によって手形を所持するに至ったという無権利の場合のほか，所持人に支払受領資格が欠ける場合，受領代理権の欠ける場合，手形上で最終の権利者となっている被裏書人と所持人との同一性が欠ける場合などがある。これらの場合において，債務者は当該所持人に対して，無権利の抗弁（無権利者の抗弁）を対抗できる。

ところで，無権利者から善意・無重過失で手形を取得する者は善意取得ができる。そこで，善意の第三取得者が無権利の抗弁を除去されて，有効に手形上の権利を取得するという点，すなわち，抗弁の制限という点において，それは人的抗弁と共通性を有しており，この意味でこの無権利の抗弁を人的抗弁として分類することができる。

(ロ) **無権利の抗弁の特色**　無権利の抗弁は，手形上の権利の有効な存在を前提とする点において，手形法17条の「人的関係ニ基ク抗弁」と共通する。しかし，無権利の抗弁は17条によって制限されるのではない点で有効性の抗弁と共通する。この無権利の抗弁は手形法16条2項によって制限されるが，これは善意取得の問題そのものである。しかし，無権利の抗弁の第三者に対する制限という意味で，16条2項にも人的抗弁の制限を定める規定としての意義が付与される。

無権利者に対しては，すべての手形債務者は自分が当該所持人に対して直接的に有する抗弁として，無権利の抗弁を対抗して支払いを拒むことができる。すべての手形債務者が対抗できる点において，通常の人的抗弁とは相違する。人的抗弁については一般に，特定の手形債務者が有する人的抗弁はその者だけしか対抗できず，他の者はそれを援用できないという人的抗弁の個別性の原則（後述126頁）が適用されるが，無権利の抗弁はすべての債務者にとり当該所持人に対して直接的に成立している抗弁であるため，人的抗弁の個別性の原則が働く余地はない。

善意の中間者の介在と人的抗弁の対抗

図-19のように，善意のCから手形を取得したDがAB間の人的抗弁の存在を知っている場合に関して，通説・判例（最判昭37・5・1民集16巻5号1013頁）は，債務者Aはこの抗弁を対抗できないとする。また，善意者Cから期限後裏書により悪意者が手形を取得しても同様に抗弁は対抗できないとする（最判昭37・9・7民集16巻9号1870頁）。

上記のような悪意の取得者も保護されるという一見して不合理な結果はどのような根拠に基づくのか。その理論的根拠は以下のようである。すなわち，通説は裏書，交付による手形上の権利の移転を特殊な債権譲渡とみるが，人的抗弁はこの権利に付着して移転し，譲受人にも対抗されるべきところ，その移転に際して人的抗弁の制限の原則が働いて，善意の譲受人に対しては抗弁が除去されて，手形上の権利はいわばきれいな権利となって譲受人に移転されると考えることになる。そこで，この善意の前者が有するきれいな権利を取得することになる後者は，人的抗弁の存在について知ると否とを問わずに，当然にこの人的抗弁を対抗されることはないことになる。さらに，実質的根拠として以下の点があげられる。すなわち，善意の取得者が保護されるというのであれば，この取得者は自己の取得した権利を完全かつ迅速に利用できるのでなければならず，他の者に手形を完全に有効に譲渡できるのでなければならない。そこで，善意の取得者保護の反射的効果として，この善意者から譲渡を受ける相手方は抗弁の存在について知ると否とを問わずに，完全な権利を有効に取得できるものとされることが必要となる。ただし，悪意の後者が，善意の中間者を傀儡として介在させたにすぎない場合には，このような一般原則は適用を排除され，債務者はこの後者に対して悪意の抗弁を

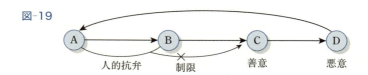

図-19

対抗できる。

VI 人的抗弁と戻裏書

□1 戻裏書による再取得と人的抗弁の再対抗

最判昭40・4・9民集19巻3号647頁は，「手形の振出人が手形所持人に対して直接対抗し得べき事由を有する以上，その所持人が該手形を善意の第三者に裏書譲渡した後，戻裏書により再び所持人となった場合といえども，その手形取得者は，その裏書譲渡以前にすでに振出人から抗弁の対抗を受ける地位にあったのであるから，当該手形がその後善意者を経て戻裏書により受け戻されたからといって，手形上の権利行使について，自己の裏書譲渡前の法律的地位よりも有利な地位を取得すると解しなければならない理はない。それ故，振出人は，戻裏書により再び所持人となった者に抗弁事由を対抗できるものといわねばならない」と判示した。

この判例の示すように，通説・判例は，図-20 において，善意の取得者Cから，戻裏書により手形を再取得した所持人Bに対して，手形債務者Aは以前に対抗できた人的抗弁を再対抗できると解している。これは，Vで示した一般理論と矛盾するが，このケースはこのような一般理論にもかかわらず，具体的に所持人の権利行使を認めるのが不当な場合にあたる。このような取扱いの相違は，手形流通の促進という理念に照らしても肯定される。なぜなら，善意の中間者の介在の場合には，新たに手形を取得する者に対する抗弁の制限があるか否かが手形の流通性にとって意義を有しているので，前述の一般理論が支持されるべきであるのに対して，戻裏書による再取得の場合に

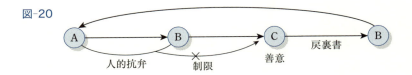

図-20

は，すでに抗弁を対抗されるはずだった者への権利の移転であり，抗弁の再対抗を認めても手形流通にまったく影響を及ぼさないからである。

□2　再対抗の理論的根拠——人的抗弁の属人性

Ⅴにおいて示した通説的立場をもう少し詳しくみてみよう。通説は，手形の裏書による移転を手形債権の譲渡とみるが，民法の債権譲渡にあっては，抗弁は債権に付着したまま移転され，その結果，譲受人に対しても対抗される（nemo plus……原則があてはまる）。手形法上ではこの nemo plus……原則は，抗弁制限によって排除されうるわけだが，抗弁の制限という法制度に関しては，手形上の権利に付着する抗弁は，本来的には譲受人に対しても承継されて対抗されるべきものだが，抗弁制限の機能により，善意の譲受人には抗弁の除去されたいわばきれいな権利が移転され，以後は，このきれいな権利が有体物であるかのように移転すると解するのが伝統的な一般的観念である。このように，上記の一般的観念は，裏書による手形債権の承継的な移転と，nemo plus……原則が本来あてはまること，および抗弁制限原則の作用によりそれが排除されるという観念に基づいている。

この一般的観念にしたがうと，戻裏書による再取得者は，善意の前者である裏書人が有するきれいな権利を取得して，これにより債務者に対して請求することになるから，抗弁再対抗を認めるための理論的根拠には困難を生じる。

かつては，戻裏書により再取得者は以前の権利を再取得して，裏書前の地位を回復するとの見解もあった。しかし，今日，裏書により手形上の権利は承継的に移転され，戻裏書の効力は通常の譲渡裏書のものとまったく同一であると解されているから，戻裏書の被裏書人は戻裏書人の有している権利を取得すると考えるべきである。

現在の有力説は，再取得者自身に対する人的抗弁は権利者その人に付着する個人的なものと考えられ，再取得により当然に復活するとする「人的抗弁の属人性」の理論である。しかし，この属人性理論は，前述の裏書による承継的権利移転（nemo plus……原則）および付着する抗弁が除去されての権利移

転という伝統的な一般的観念から，どのような根拠によって離れようとするのかを明確に示すことができなかった。けれども，この戻裏書による抗弁の対抗を理論的に根拠付けようとする様々な試みは，結局のところ，何らかの意味で「人的抗弁の属人性」を継承するものになるだろう。そこで，手形行為の無因性に基づいて，原因関係上の抗弁は当然に，裏書にもかかわらず原因当事者間に残存するということに属人性理論の根拠を求める見解が近時有力となっている（上田宏「手形所持人の前者の善意と人的抗弁——人的抗弁の反省の契機として」手形研究240号6頁以下，田邊・最新手形法小切手法156頁以下，倉沢・金融・商事判例381号2頁以下など）。これによると，裏書にあたり，手形債権と切り離されている原因関係に基づく人的抗弁の制限があるのが本則となる。しかし，この見解に対しては，前述（106頁以下）のように無因性による抗弁制限の根拠付けについて疑問がある。

□3　戻裏書と同視された事例

判例上では，善意者である銀行から，手形割引に関する銀行取引上の連帯保証人として買戻義務に基づき手形を買い戻した所持人に対して，手形債務者による割引依頼人に対する人的抗弁の対抗が認められるか否かに関して対立があるが，最判昭52・9・22金判536号15頁は，戻裏書と同視される場合にあたるとして，受取人に対する人的抗弁の対抗を認めている（図-21参照）。

この事案は次のようなものである。すなわち，A会社はX等のワンマン会社ないしは同族会社であったが，Xおよび実質上も経済上もXと一体とみら

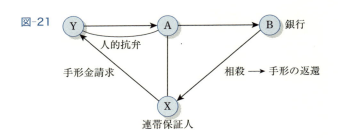

れるその三女は，A会社の債務について連帯保証をしていた。Y会社はA会社に対して約束手形を振出交付し，A会社はこの手形をB銀行からの手形貸付による借入金の担保として差し入れるためB銀行に裏書譲渡したが，振出しの原因関係が消滅したため，Y会社の申請により，AB間における当該手形の引渡しを禁ずる仮処分命令が発せられた。そのため，B銀行は当初貸付金をA会社から回収する方針だったが，X等の預金との相殺により回収して，手形に無担保裏書をしてX等に返還した。このような事案について，本判決は，B銀行からX等への裏書は信義則上B銀行からA会社への戻裏書と同一に評価すべきであって，振出人Y会社はA会社に対する抗弁をもって善意のB銀行の介在にもかかわらず，X等に対しても対抗することができるとした。

Ⅶ 後者の抗弁——人的抗弁の個別性

□1 後者の抗弁の意義

図-22において，所持人Cとその前者Bとの間の原因関係が無効・消滅・不存在であるといった場合に，手形債務者AはCの手形金請求に対して支払いを拒むことができるか。拒むことができるとするとその法的根拠は何か。その際に，AはBがCに対して有する原因関係消滅等の人的抗弁（これを後者の抗弁と呼ぶ）を対抗できるのか。これがいわゆる後者の抗弁の問題である。

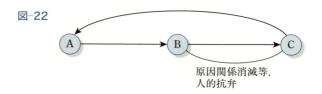

図-22

□2　手形上の権利の帰属

(1) 無因性に依拠する立場　図-22の場合に，まずもって，所持人Cが手形上の権利を有するか否かが問題になる。一般の学説および判例は，手形行為の無因性に依拠して，BC間の裏書の原因関係が無効・消滅・不存在であっても，裏書行為は有効に存在するとして，Cは手形上の権利を保有しているとする。このことを前提として，一部学説は，Cの権利行使を認め，裏書人Bはこの所持人から不当利得を取り戻せばよいとする。Bとの関係でCの権利行使は不当であるとしても，Aの支払いによって生じる不都合は，手形を取り戻さなかったBの怠慢に基づくのだから，Bはその結果を甘受すべきとする。これに対して，判例および学説一般は，AがCの請求を拒むことを認めるのが適当とする。なぜなら，Cの権利行使を認めても，結局BはCに不当利得返還請求できるから不経済であるうえに，実際にはこの取戻しが困難となる場合があるためである。

(2) 権利移転行為有因論に依拠する立場　手形理論として二段階説をとることを前提として，手形行為を債務負担行為と権利移転（交付）行為とに分け，前者を無因行為，後者を有因行為と解して（これを権利移転行為有因論という），裏書の原因関係の無効・消滅・不存在により手形上の権利は裏書人Bに戻るから，Cは無権利者であるとし，Aはこのすべての債務者が対抗できる無権利の抗弁の対抗により支払いを拒むことができると解する。権利移転行為有因論に対しては，手形行為の成立に関して創造説（二段階説）をとることを前提とするため，まずもって二段階説に対する批判があてはまる。

さらにこの説は，従来の伝統的な無因性，有因性の議論に照らすときわめて疑問がある。無因・有因の理論は，手形関係と原因関係とを分け，両関係の間を無因関係・有因関係としてとらえる。それに対し，この説は，二段階説により手形関係を2つに分けられるとしたうえで，それらと原因関係との間を，それぞれ別個に無因・有因の関係でとらえる。しかし，伝統的な考え方に照らせば，同一の原因関係が手形行為の一部の交付行為との関係でのみ有因的に作用し，他の債務負担行為との関係では無因的に作用すると解するのは，法理論としてきわめて疑問である。

次いで，この説に従うと，この場合に無権利者となったCから手形を取得する者は，手形法16条2項によって保護されることになる。しかし，この無権利者の抗弁は実質的にはBC間の原因関係に基づく抗弁である。このような原因関係に基づく抗弁は手形法17条によって制限されるはずの抗弁であるから，この説は従来の人的抗弁の制限に関する観念を大きく変えてしまうという不可解な結果を生ずるとの疑問がある。

□3　人的抗弁の個別性——後者の抗弁の援用

図-22の場合に，BがCに対して有する原因関係消滅等の人的抗弁，すなわち，後者の抗弁を，手形債務者Aが援用して，Cの手形金請求を拒むことは許されない。なぜなら，同一の手形証券上になされる各々の手形行為は，それぞれ相互に別個独立のものであること，および，人的抗弁制限の原則（手17条）は，人的抗弁はそれが生じた人的関係の当事者間においてのみ意義を有すべきことを示していると解せることから，ある手形債務者が有する人的抗弁は，その者だけしか主張できず，他の債務者が援用することはできないと解されるからである。これを人的抗弁の個別性という。したがって，これを前提とすれば，この場合に，AがBの有する人的抗弁を援用してCの請求を拒めるとする構成によっては問題を解決することはできない。

□4　支払拒絶の根拠

判例は，人的抗弁の個別性を前提とし，手形行為の無因性により所持人Cに手形上の権利を認めたうえで，Cはその手形を保持してそれを行使すべき実質的理由を有さないがゆえに，Cの権利行使は権利濫用にあたるとして，所持人の権利行使を否定している（最大判昭43・12・25民集22巻13号3548頁，最判昭48・11・16民集27巻10号1391頁，最判昭57・7・20金判656号3頁）。学説上も判例と同様に，権利の濫用や信義則違反といった一般条項によって振出人Aにとり所持人Cに対する直接的な抗弁が成立すると構成して，この抗弁の対抗によりCの手形金請求を拒むことができるとする見解が有力であ

る。この見解に対しては，手形法上にこのような信義誠実の原則や権利濫用の理論を持ち出すのは安易な一般条項の援用であるとの批判がある。しかし，伝統的な理論の枠組からみて本ケースのような例外的なケースに関しては，手形法のように法の欠缺の多い法領域においては，一般条項の援用によることも許されるべきである。

□5　手形保証と抗弁

　後者の抗弁の事例と類似する問題が手形保証に関して生じる。図-23において，約束手形の振出人Aが所持人Bに対して原因関係の不存在等に基づく人的抗弁を有する場合に，Aの手形保証人Cは，Bの手形金請求に対して支払いを拒絶できるか。拒絶できるとするとその根拠は何か。

　この問題においては，後者の抗弁におけると同様の問題に加えて，さらに手形保証の独立性との関係が問題になる。手形保証人は，主たる債務者と同一の内容の債務を負担し（手77条3項・32条1項），被保証債務の支払い・免除・相殺・時効による消滅により，保証債務も消滅する。また，支払いをした手形保証人は主たる債務者に対して求償できる（手32条3項）。このような手形保証の効果を手形保証の附従性（従属性）と呼ぶ。他方，手形保証人は，催告の抗弁（民452条）や検索の抗弁（民453条）を有さず，手形所持人は主たる債務者に対する支払呈示を要しないで，保証人に対して請求できる（合同責任，手77条1項4号・47条）。また，被保証債務が方式の瑕疵によって無効である場合を除いて他の何らかの事由によって無効であっても，手形保証債務は有効である（手77条3項・32条2項）。以上を手形保証の独立性と呼ぶ。な

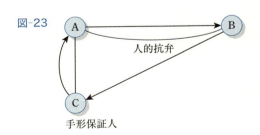

図-23

お，32条2項は，手形行為独立の原則（手7条）が手形保証にも及ぶことを示すものである。

図-23の事案では，手形の無因性によれば，所持人Bは手形上の権利を有しており，AはBに対して人的抗弁を有する関係になる。そこで，かつての判例は，手形法32条2項は被保証債務が実質的に無効な場合にも手形保証を有効とし，それを被保証人の債務とは別個独立のものであるとするのだから，主たる債務が有効に成立していれば，当然に保証人は被保証人が手形所持人に対して有する人的抗弁をもって所持人に対抗できず，保証人は債務の履行を拒みえないとした（最判昭30・9・22民集9巻10号1313頁）。しかし，これに対しては，所持人の保証人に対する手形金請求を認めれば，保証人は主たる債務者に求償できるので，主たる債務者は不当な支払いを強制される結果になり，所持人に対し不当利得の返還を請求できることになるので，それなら無用な請求の過程の省略のため保証人は所持人の請求を拒めると構成すべきであるとの批判があった。

しかし，手形保証の独立性に依拠する以上，人的抗弁の個別性によって，保証人が主たる債務者の有する人的抗弁を援用することはできない。そこで，後者の抗弁におけると同様に，手形保証人が自らの有する抗弁の対抗によって，所持人の請求を拒むことができるとの構成が考えられる。判例は，後者の抗弁の場合におけると同様に，振出人のための手形保証のある約束手形の受取人は，振出しの原因関係が不存在等の場合には，手形保証人に対して手形上の権利を行使すべき実質的理由を失っており，自己の手裡に存する手形で手形保証人に対して手形金を請求するのは権利の濫用にあたるとして，支払いの拒絶を認めている（最判昭45・3・31民集24巻3号182頁）。

VIII 二重無権の抗弁

□1 二重無権の抗弁の意義

図-24において，Cの手形取得後にAB間の約束手形振出しの原因関係と

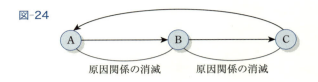

図-24

原因関係の消滅　　原因関係の消滅

BC間の裏書の原因関係とがともに消滅してしまった場合が，**二重無権の抗弁**の問題である。この場合に，CのAに対する手形金請求を認めると，BはCに対して不当利得の返還請求ができ，AはBに対し不当利得の返還請求ができることになるため，学説・判例は一致して，振出人は所持人に対し支払いを拒絶できるとしている。

　権利移転行為有因論に立てば，後者の抗弁の場合とまったく同様に，振出しおよび裏書の原因関係の消滅により手形上の権利はAに戻るから，Cは無権利者となり，AはCに対して無権利の抗弁を対抗できる。手形所持人はまさに二重に無権利ということになる。これに対して，無因性によれば，Cは依然権利者であり，原因関係が二重に欠缺している関係になる。そして，AとCとはおたがいに原因関係上は関係がないから，AはBに対する抗弁をもってCに対抗できず（人的抗弁の制限），またBがCに対し有する抗弁をもって対抗できない（人的抗弁の個別性）。

□2　支払拒絶の根拠

　この二重無権の抗弁の場合は，後者の抗弁の場合の特殊な一形態と考えることもできる。そうであれば，所持人は手形上の権利者であるが，その権利行使は権利濫用にあたるとして，Aは自らがCに対して直接的に有するこの権利濫用の抗弁を対抗して支払いを拒めると解してよいはずである（まさに債務者が支払拒絶に利益を有している場合である）。けれども，判例は，一般条項の利用はできる限り制限されるべきであるとの認識の下に，この場合には，「自己に対する裏書の原因関係が消滅し，手形を裏書人に返還しなければならなくなっているCのように，手形の支払いを求める何らの経済的利益も有しないと認められる手形所持人は，人的抗弁切断の利益を享受しうべき地位

にないものというべく，振出人は受取人との間の振出しの原因関係消滅の抗弁を，所持人に対抗できる」としている（最判昭45・7・16民集24巻7号1077頁）。この判例の見解は学説上広く支持されている。

　この判例は，当該所持人に対して人的抗弁制限の利益の享受を否定する。手形法17条により，善意の取得者に対して人的抗弁は制限され，手形債務者は，当該抗弁の相手方以外には，悪意の取得者に対してしか人的抗弁を対抗できないが（この事柄もまた人的抗弁の個別性と呼ばれている），その際に，隠れた取立委任裏書の被裏書人に対しては上記の人的抗弁の個別性が排除されると認められている。多くの学説はその根拠を，被裏書人が人的抗弁制限の利益を享受できるのは，取得した権利について被裏書人が固有の経済的利益を有するためであるところ，隠れた取立委任裏書の被裏書人には固有の経済的利益が欠けるため，この者は抗弁制限の利益を享受することはできないということに求めている（前述94頁）。本判例は，この隠れた取立委任裏書について説かれている法理と同様に，所持人は振出人と裏書人との間の人的抗弁制限の利益を享受することができる地位にはないとするわけである。本判例を権利濫用の具体的発現を示すものとみる見解もあるが，本判例は，AがBに対して有する人的抗弁を第三者Cに対しても対抗できると構成する点で，権利濫用の抗弁または無権利の抗弁の対抗を認める見解がAC間に直接的な抗弁が成立すると構成しているのと対立する。

第 7 章
約束手形の取立てと支払い

I 取立て

□1 緒 論

　満期において手形所持人は，手形上に支払場所として記載されている銀行（支払銀行）店舗に対して，手形金額の支払いを求めることになる。しかし，今日，小切手を除けば，支払銀行は店頭への手形の呈示に対して直ちに現金払いをする（これを店頭現払という）ことを行っていないので，手形を支払銀行の該当支店に持参して支払いを受けることはできない。そこで，手形所持人は自己の取引がある銀行（取立銀行）の店舗に手形・小切手を持ち込んで，普通預金口座もしくは当座預金口座に入金してその取立てを依頼する。手形・小切手により預金口座に入金があった場合には，銀行と所持人（顧客）との間にはそれにより手形・小切手の取立委任契約が成立する。受け入れられた手形・小切手がその店舗を支払場所とするものであるときは，受入日のうちに決済を確認した後に，払戻しを受けることが可能になる。それ以外の場合には，受け入れられた手形・小切手が同一銀行の他店舗を支払場所としている場合（行内交換の手続によって取り立てられる）を除いて，すなわち，他の銀行等の金融機関を支払場所としている場合には，手形交換所を通して取り立てられ決済される。そして，受け入れられた手形・小切手は，取立て後，不渡返還の時限を経過した後にその決済が確認されてからでないと払戻しを受けることはできず，当座勘定上の支払資金にあてることができない（当座勘定規定2条1項）。

2 支払呈示

　手形・小切手債務は取立債務なので（民520条の8・520条の18・520条の20），支払いを受けるためには，手形を呈示して支払いを求めなければならない。

　約束手形の振出人や為替手形の引受人という主たる手形債務者の債務負担は絶対的なものだから，たとえ手形所持人が所定の期間（支払呈示期間）内に支払呈示をしなくても，これらの者の責任は消滅時効期間が経過しない限り，消滅することはない。したがって，時効消滅するまでは，手形所持人は支払呈示期間経過後でも請求をすることができる。しかし，支払呈示を怠っていると，支払呈示期間の経過により，手形所持人は裏書人等の遡求義務者に対する遡求権を失う（手77条1項4号・53条1項）。

　支払呈示期間内に呈示しても支払いがない場合には，手形金について満期から手形法48条1項2号の定める法定利率（民404条）による法定利息が発生する（手77条1項4号）が，支払呈示期間経過後に呈示された場合には，主たる手形債務者はそのときから履行遅滞に陥り（民520条の9），法定利率による遅延利息の支払義務が発生する。

　支払呈示をなすべき時期，すなわち，支払呈示期間は手形の満期の種類によって異なる。確定日払手形，日付後定期払手形および一覧後定期払手形の場合には，支払いをなすべき日およびこれに次ぐ2取引日が支払呈示期間である（手77条1項3号・38条1項）。ここで支払いをなすべき日とは，通常は満期日がそれにあたるが，満期日が法定の休日にあたる場合には次の取引日がそれにあたる（手77条1項9号・72条1項）。

　支払呈示をなすべき場所は，支払呈示期間内においては支払場所である支払銀行の店舗であるが，手形交換所における呈示は有効な支払呈示とされており（手77条1項3号・38条2項），手形交換制度はそれを前提としてできあがっている（後述3）。

3　手形交換と不渡り

　銀行等の金融機関は，日々大量の手形・小切手を安全，確実かつ集団的に

決済するために，手形交換所を設けている。参加銀行は毎営業日に手形交換所に参集して，そこで自治法規である手形交換所規則に従って手形・小切手の交換呈示，支払決済を行っている。手形交換制度および手形交換所規則は，手形・小切手の簡易・円滑な取立てを可能にすること，および信用取引の秩序維持を図ることを目的としている。

　手形交換により決済できるのは，手形にあっては，原則的に支払呈示期間経過前のものであるが，東京手形交換所では交換日の前営業日の夜間に交換手形の分類，集計，交換尻の算出等の処理をすることとなっているので，満期日の前日（すなわち，交換日は満期日となる）には取立銀行に手形を預け入れておくことができる。交換所に持ち込まれたすべての手形・小切手について，参加銀行別にその支払うべき金額およびその受領すべき金額を算出する作業が行われ，参加銀行別に交換尻が算出される。それは支払うべき金額の総額と受領すべき金額の総額との差額である。交換日当日には，各銀行は自らが支払うべきすべての手形・小切手を持ち帰るとともに，参加銀行相互間で交換尻の決済が行われる。それは，各銀行が日本銀行に有している口座の上での振替によって行われる。この意味するところは，個々の手形・小切手の不渡返還を条件とした解除条件付の支払いである。すなわち，交換日の時点において手形・小切手の支払呈示がなされ，交換尻の決済によりすべての手形・小切手が支払われたことになる。各銀行は持ち帰った支払いをなすべき個々の手形・小切手の金額を各店舗において手形債務者の当座預金口座から引き落とすことになる。その支払いができないときが手形・小切手の不渡りである。不渡手形は，その当日の夜間交換をとおして持出銀行（取立銀行）に返還される。不渡手形については，持出銀行・支払銀行の双方から手形交換所宛に不渡届が提出される。

　手形交換所規則では，手形・小切手の信用力を高めるため，不渡処分制度が設けられており，6カ月間に2回不渡手形を出した者は取引停止処分に処せられる。それは，この取引停止処分を受けた者に対して，2年間，当座勘定取引および貸付取引をしてはならない旨を当該手形交換所参加銀行に命ずる形で行われる。なお，不渡届に対して，不渡手形を出した者は，不渡事由が偽造，変造，契約不履行，詐取，紛失，印鑑相違，金額欄記載方法相違等

Ⅰ　取立て

の場合には，支払銀行をとおして交換所に対し，異議申立をすることができる。その際には，偽造，変造の場合を除いて，不渡手形金額相当額の異議申立預託金を提供することが必要である。

□4　手形訴訟

　訴えによる手形・小切手金額の請求については，訴訟の敏速な処理のために，特別な手形訴訟制度が設けられている（民訴350条以下。小切手訴訟については民訴367条）。それは，第一審の前置的手続というべきものだが，手形訴訟の迅速簡易な処理のため，通常の訴訟手続に比して著しく証拠方法が制限されているのが特色である。これにあっては，書証を原則とし，当事者訊問・法定代理人訊問は，文書の成立の真否または手形の提示に関する事実についてのみ許されるにとどまり，証人訊問，鑑定，検証はいずれもまったく許されない（民訴352条）。手形は私文書であるから，原告は，この手形につき被告の意思による手形行為がなされたことを証明しなければならない（民訴228条1項）。もし，被告が手形の作成を否認するときには，原告はこれを証明する必要があるが，民事訴訟法228条4項によると，私文書は本人またはその代理人の署名または押印のあるときは真正なものと推定される。

　手続上の制約に対応して，原告は必要に応じ手形訴訟の途中で通常訴訟に移行させることができる（民訴353条）。手形訴訟において終局判決がなされたとき，当事者は，異議の申立てをすることができる。控訴は一般的訴訟要件を欠くことを理由として訴え却下の判決がされた場合を除き，原則的に認められない（民訴356条）。原告の請求の当否を判断する本案判決に対しては，異議の申立てをすることができる（民訴357条，民訴規217条）が，それにより，訴訟は手形訴訟の口頭弁論終結前の状態に復して，あらためて通常の訴訟手続に従って審理・裁判が行われることになる（民訴361条）。異議申立後の第一審判決においては，判決が手形判決と符合するときには，判決中で「手形判決を認可する」旨を表示し，異なる判決の場合には，「手形判決を取消す」旨を表示することになる（民訴362条）。なお，原告勝訴の本案判決には，職権をもって，原則として無担保で，仮執行をなしうる旨の宣言を必ず付ける

ことを要する（民訴 259 条 2 項）。

II 支払い

□1 緒　論

　ある者が振り出した約束手形は，通常，手形交換を通して，支払銀行によって支払われる。そして，支払銀行の支払いが手形法上有効な支払いとしての意味をもつものであれば，その支払いにより，振出人である顧客はその手形上の責を免れる。この場合同時に，一般的に，支払銀行は顧客に対して負う当座勘定取引契約上の債務を免れる。

　手形は受戻証券である。手形債務者は支払いをするにあたって所持人に対して受取りを証する記載をした手形の交付を請求できる（手 77 条 1 項 3 号・39 条 1 項）。手形を受け戻さないで支払った場合にも，支払いは有効であり，手形債務は完全に消滅する。しかし，図-25 のように，所持人の手元に残った支払済みの記載のない手形証券は，権利の存在・存続の外観を生じ，この外観に対して信頼する善意の取得者に対して支払いの抗弁をもって対抗できない（大判大 15・10・13 新聞 2653 号 7 頁）。したがって，第三取得者との関係では，支払われた手形債務の消滅のためには，証券の引渡し・破棄が必要である。このような意味において，この受戻しなき支払いの抗弁は人的抗弁にあたる。

　満期およびその後においては，所持人は手形金額の一部のみの支払いを拒むことはできない（手 77 条 1 項 3 号・39 条 2 項）。手形所持人がその残部につ

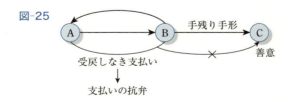

図-25

いて裏書譲渡したり，遡求をするためには，手形の所持が必要であることから，手形債務者は手形の返還を求めることはできないが，支払にあたり，手形所持人に一部支払が行われた旨を手形上に記載することを請求できる（手77条1項3号・39条3項）。一部支払の認容は，手形債権と手形証券の不可分一体性（前述84頁）と矛盾するが，それは当事者の利益のために特別に認められた例外的な制度である。

2　満期における支払い

(1) 支払人の調査義務　裏書の連続する手形の所持人には権利者としての外観，すなわち，形式的資格が与えられる。この外観は債務者のためにも働く。手形債務者が所持人の満期における請求に対してその有しているとする権利の実際の有無について調査しなければならないのであれば，迅速な支払いが妨げられ，手形法の理念である支払いの確実性と手形流通の強化の実現が図られない。そこで，手形の外観上で権利者とみえる者に支払えば債務者は免責されるとの制度が採用されるべきである。手形法16条1項に対応して同法40条3項は，その第2文において，満期およびそれ以後に支払いをなすべき者は，裏書の連続の整否のみを調査すればよく，実質的な権利移転の有無は調査しなくとも免責される旨を規定する。この規定は，まずもって，支払人の調査義務を，手形の外観から知ることのできる手形所持人の形式的資格の範囲に限定している。それには，①手形の方式が適合しているかどうか，②当該債務者の署名（記名捺印）が真正なものかどうか，③所持人までの裏書の連続の整否の3つが該当する。また，この範囲において支払人には調査権がある。しかし，40条3項はその第1文において同時に，支払いをなす者は悪意または重過失なきときに免責される旨を規定するので，満期およびそれ以後に支払いをなすべき者には，上記の形式的資格に関する事項以外の事項を含めて，重過失にあたらない程度の注意を払う義務が課せられている。40条3項の第2文は第1文所定の要件の下に，善意者保護のある事項の一つの例示であるとみることもできよう。そして，このような調査義務の裏返しとして，所持人の実質的な権利を疑うに足る合理的な事情がある場合

には，支払人は，支払いを延ばして調査をする権利を有するのであり，合理的期間内はそれにより支払いの遅滞にならない。

(2) **支払人の免責**　満期において支払いをなすべき者は，支払いに強制された地位にある。すなわち，その者は所持人の支払請求に対して支払いを拒絶することにより訴訟に引き込まれ，敗訴した場合には訴訟費用を負担させられるだけでなく，自己の信用を喪失するという危険がある。そこで，支払人は手形法16条1項の所持人の形式的資格を越えて保護される必要がある。支払いの安全確保のために，手形法40条3項は16条1項を越えた権利外観の作用を規定するのである。したがって，手形所持人の側の事情で支払いの無効をきたす一切の瑕疵，すなわち，所持人の実質的権利者資格にかかわる一切の瑕疵が，支払人の善意によって治癒される。たとえば，所持人と最後の被裏書人との同一性の欠缺，所持人の支払受領能力の欠缺，代理権の欠缺に関しても，支払人はこの規定によって保護される（通説）。

　手形法40条3項が同法16条1項を越えた権利外観の作用を示すのと同様に，今日では，手形法16条2項も同法1項の権利外観を越えた権利外観の作用を規定すると解されている（前述98頁以下）。手形法16条2項に関しては，その根拠は手形流通の強化の要請にある。40条3項の場合には，支払人は支払いに強制された地位にあり，16条2項の場合には，手形取得者はいつでも取得を中止できる任意的取得者の地位にある。これら2つの規定により治癒される瑕疵の範囲を同じように拡大してみるとしても，両者の地位の相違に基づく差異は消滅してしまうわけではない。それは主観的保護要件の相違にある。

(3) **悪意・重過失の概念**　支払人は満期において敗訴によって生ずる危険を避けるため支払わなければならないという支払いに強制された地位にある。そこで，支払人は，形式的に資格付けられた所持人が実際には権利者ではないことを知るだけでは，未だ悪意であるというべきではない。なぜなら，支払人は，その所持人との間に訴訟が生じた場合には，所持人の支払いを拒む根拠事由に関して証明責任を負うからである。したがって，支払いの際に，支払人が自分は確実な証明手段を自由にでき，それゆえに訴訟に勝つに違いないと知っているときに悪意というべきである。

手形法40条3項の悪意概念に関しては，このように所持人の無権利等の瑕疵を知るだけでなく，それを証明できる確実な手段を有するにもかかわらず故意に支払いをしたことをいうと解するのが現在の通説である（詐欺説）。重過失の概念も，悪意概念に対応して，①所持人についての瑕疵が当該事情の下で支払人に容易に認識できるのに，②支払人が調査を怠り，③さらに，支払人が瑕疵を知っていたときに，自己および他のすべての債務者のために，危険なしに支払いを拒絶できた場合には，重過失が存すると解される。

☐3　満期前の支払い

　満期後の支払いについては，支払人は支払いに強制された地位にあることから，満期における支払いと同様に考えてよい。これに対して，満期前においては，支払人は未だ支払いに強制された地位にはなく，当然に，支払いを拒める。他方，手形所持人は満期前には支払人による支払いの申出を拒むことができる（手40条1項）。けれども，手形所持人と支払人とが合意をすれば，当然に満期前にも有効な支払いをすることができる。しかし，この場合には，支払人は，手形法40条3項の免責の効果を受けられず，もっぱら「自己の危険において」支払うことになる（手40条2項）。すなわち，支払人は支払いの無効を生ずる所持人の実質的権利にかかる一切の事情について調査義務を負い，悪意・重過失なきときにも，真の権利者に支払ったのでなければ支払いは無効であって，真の権利者に対して二重に支払わなければならない。満期前においては，支払人は支払いに強制されていないため，真の権利者のために支払いを待つべきだからである。

　満期前に支払いをする代わりに，支払人は所持人から戻裏書を受けることによっても，実質的に支払いをするのと同一の関係を生じうる。この場合には特に善意取得が可能となりそうである。そこで，満期前の支払いについても，手形法16条2項を類推して，その範囲で支払人の免責を認めるべきとの見解がある。これとは逆に，上記のような戻裏書には16条2項の適用を排除すべきとの見解もある。40条2項の趣旨に照らして，後説をとるべきである。

□4　支払いの猶予

(1) 支払猶予の特約　手形所持人の請求に対して振出人が支払いを待ってもらうなど，所持人と債務者との間に支払猶予の合意が成立する場合がある。支払猶予の合意には，①それに基づき書替手形の交付される場合，②手形上の満期の記載の変更がある場合，③手形外の合意だけが存するにすぎない場合とがある。以上のうち②の場合には，有効な満期の変更であるためには，すべての手形当事者がその変更に合意していなければならず，すべての者の合意なきときは，単に手形外の支払猶予の合意があるにすぎない。

手形外で支払猶予の特約が成立する場合には，この特約の当事者間においては，当事者間の自由な手形外の合意として，それは原則的に完全に効力を有し，たとえば，所持人は，猶予の相手方である裏書人に対して，その猶予期間中は遡求権を行使できない。

(2) 手形の書替え　手形の書替えとは，旧手形債務の支払いを延期するために，満期を変更した新手形を交付することである。手形の書替えには，旧手形の回収される場合と，回収されずに新旧両手形が併存する場合とがある。後者の場合には，新旧両手形債務が併存する（最判昭31・4・27民集10巻4号459頁）ため，所持人は新旧いずれの手形によっても手形上の権利を行使できるが，手形債務者は支払いにあたり新旧両手形ともに返還すべきことを請求できる（最判昭42・3・28金判60号17頁）。ただし，債務者は新手形の満期前に旧手形によって手形金請求を受けるのであれば，支払猶予の抗弁をもって対抗できる。

III　遡　求（償還請求）

□1　手形の不渡りと遡求

約束手形の所持人が満期に適法な支払呈示をして手形金を請求したが支払いを拒絶された場合に，所持人は担保責任を負っている前者である裏書人に

対して手形金の支払いを求めることができる。これが遡求（償還請求）の制度である。遡求義務者と主たる手形債務者である振出人，手形保証人とは，所持人に対して合同責任を負っている（手77条1項4号・47条1項）。遡求義務者には負担部分がなく，最終的に主たる債務者の全部的責任に帰着するので，上記責任は真正の連帯債務ではない（不真正連帯債務）。

　遡求義務者は，所持人の前者である者だが，約束手形においては，裏書人とその保証人であり，為替手形においては，それに振出人とその保証人が加わる。遡求において支払いをして手形を受戻した者は，さらに自己の前者に対して再遡求ができる（手77条1項4号・47条3項）。この受戻者は，裏書により手形上の権利を移転したが，受戻しにより遡求者より手形上の権利を法の規定により再び取得して，その新たに取得した手形上の権利に基づいて再遡求権を行使できる。なお，遡求義務者は，自らが遡求を受ける前に遡求義務を履行する償還権を有する（手77条1項4号・50条1項）。

　手形所持人は，合同責任を負う者のうちから何人に対しても請求でき，債務を負った順序にかかわらず請求できる。自己の直接の前者に対して請求しなければならないわけではなく，間接の前者に対して跳躍的に遡求してもよい（跳躍的遡求，手77条1項4号・47条2項・4項）。かつ，同時に全員に対して請求してもよく，いったんある者に請求した後でその後者や前者に対して請求してもよい（手77条1項4号・47条4項）。

　所持人が遡求できる金額は，手形金額と満期以後の法定利率による利息および拒絶証書の作成，遡求通知その他に要した費用である（手77条1項4号・48条1項）。手形を受戻した者の再遡求金額は，その支払った総金額とその支払日以後の法定利率による利息およびその支出した費用であり（手77条1項4号・49条），遡求を繰り返すごとに遡求金額は増大していく。

□2　遡求の要件

　遡求の実質的要件は，支払呈示期間内に所持人が適法に支払呈示したにもかかわらず，手形金額の全部または一部の支払いが拒絶されたことである（手77条1項4号・43条）。その形式的要件は，拒絶証書作成期間（支払呈示期

間）内に，支払拒絶証書を作成することである（手77条1項4号・44条1項・2項）。しかし，前述（66頁）のように一般に拒絶証書の作成は免除されている。手形上に拒絶証書作成免除文句の記載ある場合には，所持人の支払呈示が免除されるわけではないが，法定の期間内に支払呈示をしたものと推定される（手77条1項4号・46条1項・2項）。

　以上に加えて，手形所持人は，遡求に先立って，所定の期間内に自己の裏書人に対して支払拒絶の事実を通知することを要求される。通知を受けた裏書人はさらに自己の裏書人へと順次通知をすることを要し，最終的に最初の裏書人にまで及ぶことになる。通知義務違反は遡求権自体を失わせることはなく，単に所持人の過失により損害を被った者に対して手形金額の範囲内で賠償の責を負うにすぎない（手77条1項4号・45条1項・6項）。

□3　満期前の遡求

　為替手形については，引受拒絶の場合，支払人の破産，その支払停止またはその財産に対する強制執行が効を奏せざる場合，引受呈示禁止手形の振出人の破産の場合に，満期前の遡求を認める（手43条）。約束手形について，為替手形の遡求に関する規定を準用する77条1項4号は「支払拒絶ニ因ル遡求」と規定するため，上記文言上それ以外の遡求を認めないかのようである。しかし，振出人の破産や支払停止の場合，振出人に対する強制執行の不奏効の場合には，すでに振出人の信用が失墜して，満期において支払いを受けられる可能性がきわめて小さいため，約束手形についても満期前の遡求が認められるべきである（通説・判例）。

Ⅳ　手形上の権利の消滅

□1　消　滅　時　効

(1)　手形の時効期間　　手形上の債務は債務者にとって厳格な内容を

有するものであり，かつ，迅速な支払決済を目的とするものであるため，手形の法律関係を迅速に完結させる必要があるので，手形上の債権については特別の短期消滅時効期間が定められている（手77条1項8号・70条）。主たる手形債務者である約束手形の振出人および為替手形の引受人に対する請求権については満期日から3年であり（手70条1項），裏書人その他に対する遡求権については，拒絶証書の日付から，もしくは拒絶証書作成免除のときは満期日から1年であり（手70条2項），手形を遡求において受戻した者の再遡求権については，受戻しの日またはその者が訴えを受けた日から6カ月である（手70条3項）。

(2) 消滅時効の効力

手形法上においては，手形行為独立の原則に基づき，各々の手形債務はそれぞれ別個独立の債務であり，ある者の債務が時効消滅しても，他の者の債務には影響を及ぼさないのが原則である。しかし，手形法上，遡求義務は主たる手形債務に対して第2次的・補充的性格を有しているから，主たる手形債務者に対する請求権が時効消滅した場合には，遡求義務者に対して遡求権を行使できない。遡求義務者は主たる手形債務の時効消滅を援用して支払いを拒むことができる（通説，最判昭57・7・15民集36巻6号1113頁）。

□2 時効の完成猶予および更新

(1) 時効完成猶予事由

手形法は手形上の権利についての時効完成猶予事由に関して86条を除き特別の規定を設けていないので，民法の規定に従うことになる。民法147条1項1号は，時効の完成猶予の事由の一つとして裁判上の請求をあげる。確定判決または確定判決と同一の効力を有するものによって権利が確定した時は，時効は裁判手続の終了したときに更新され，時効は新たにその進行を始める（民147条2項，時効期間については169条）。権利の上に眠れる者は保護しないという時効制度の趣旨に照らせば，時効の完成猶予のためには権利行使の意思が明らかにされれば足りる。そこで，裁判上の請求の場合には，手形の呈示も，訴状の送達も要さずに，訴えの提起があれば時効の完成猶予の効力を生ずる（民訴147条）。したがって，手形を

所持しない実質的権利者による訴え提起も時効の完成猶予の効力がある（最判昭39・11・24民集18巻9号1952頁）。また，裏書の連続を欠く手形による訴え提起の場合にも，所持人がその実質的権利を証明するときには，時効の完成猶予の効力がある（最判昭57・4・1金判649号3頁）。所持人の形式的資格の有無は時効の完成猶予の効力にとりかかわりがない。なお，未補充白地手形による訴え提起にも時効の完成猶予の効力が認められること（最判昭41・11・2民集20巻9号1674頁，最判昭45・11・11民集24巻12号1876頁）に関しては前述した（78頁）。

　裁判外での請求である催告は，催告があったときから6カ月を経過するまでの間は，時効の完成を猶予する効力を有する（民150条1項）。ただし，催告により時効の完成が猶予されている間に再度催告をしても時効完成猶予の効力を有さない（民150条2項）。催告については，必ずしも手形の呈示がなくとも時効の完成猶予を生ずると解してよい（通説，最判昭38・1・30民集17巻1号99頁）。その理由としては，①前述の時効制度の趣旨に照らして，権利行使の意思が明らかになれば時効の完成猶予にとって十分なこと，②催告による時効の完成猶予は，時効の完成間際に時効の完成を阻止する訴訟を提起するまでの予備的手段にすぎないこと，③裁判上の請求に手形の呈示を要さない以上，その予備的措置としての催告にも呈示を不要と解すべきこと，④実際には，催告はその旨の証拠を残せる内容証明郵便で行うのが一般化しているが，その際に手形の呈示を求めることには無理がありかつ不都合であること等があげられる。そこで，所持人は，盗難等により手形を喪失して，未だ除権決定を受けていない場合にも，権利を失っていない限りは，催告によって時効の完成猶予の効力を生じさせることができる。

　以上のように，手形上の権利の行使には手形の呈示を要する（ただし，裁判上の請求においては，附遅滞のためには手形の呈示を要さず訴状の送達で十分である）という手形権利行使に関する一般的前提（手形の呈示証券性・受戻証券性）と，時効制度上で時効の完成猶予の効力を生ずべきものと認められる権利の行使の問題とは区別して考えられる。

　遡求を受けた裏書人の自己の前者たる遡求義務者に対する再遡求権は，その者が受戻した日または訴えを受けた日から6カ月で時効にかかる（手77条

1項8号・70条3項)。そこで，訴訟で争ったあげくに手形を受戻した場合に，6カ月をすでに経過しているときには，前者に対する再遡求権はすでに時効消滅してしまっている。これを防ぐために，手形法は前者に対する訴訟告知による時効の完成猶予を認める（手86条）。しかし，訴訟告知は，前者たる遡求義務者に対してのみでき，主たる手形債務者に対してはできない（最判昭57・7・15民集36巻6号1113頁)。その理由は，手形法86条1項の文言中には訴訟告知の相手方として主たる債務者である為替手形引受人が含まれていないこと，および，上記立法趣旨に照らせば，訴訟告知の規定は手形法70条3項の再遡求権の消滅時効期間に関する規定を前提とすると解されることにある。

(2) 時効の完成猶予の効力　　手形行為独立の原則に基づいて，時効の完成猶予または更新は，当該事由が生じた者に対してのみその効力を生ずるのが原則である。これを時効の完成猶予・更新の人的効力という（手77条1項8号・71条)。この人的効力はこの法文が直接的に示している債務者の側についてだけでなく，債権者の側にも適用がある。そこで，所持人が主たる手形債務者に対する請求権につき時効の完成猶予を生じさせた後に，手形を受戻した遡求義務者が自らの請求にあたりこの時効の完成猶予の効力を援用することはできない。

3　除権決定

　手形上の権利は手形証券とかたく結合され，権利の行使には必然的に証券の所持が必要である。しかし，手形上の権利者が手形を盗難，紛失または滅失により喪失した場合に，それにより直ちに手形上の権利を失うわけではなく，また権利が消滅するわけでもない。しかし，この権利者は証券なしに権利を行使することはできないから，権利行使の手段を失ってしまう。そこで，手形証券の盗難・紛失・滅失といった場合に，証券の不存在を補って，権利者に証券なしに権利を行使することを可能にする制度が公示催告・除権決定の制度である（民520条の11，非訟100条以下）。

　喪失手形の最後の所持人は，支払地の簡易裁判所に公示催告を申し立てる（非訟114条1項・115条)。申立人は裁判所に対し手形の盗難・紛失・滅失の事

実および公示催告を申し立てうる理由のある旨を疎明しなければならない（非訟116条）。裁判所は申立てを適法と認めると公示催告の公告をする（非訟101条・102条）。公示催告により，手形・小切手の所持人に対して，一定の期間の間に権利を争う旨の申述をし，かつ，当該手形・小切手を提出すべき旨の催告がなされる（非訟117条1項3号）。公示の日と権利を争う旨の申述の終期との間は少なくとも2カ月以上であることを要する（非訟103条・117条2項）。権利を争う旨の申述の終期までに当該手形につき，権利者が権利を争う旨を申述しないときは，裁判所は申立人の申立てに基づいて当該手形を無効なものと宣言する（非訟106条1項・117条2項・118条）。これが除権決定である。これにより，この手形は将来に向かって無効となり，以後はそれによる権利行使も，善意取得もできなくなる（これを除権決定の消極的効力という）。しかし，除権決定がされても，この決定以前に手形を善意取得した者の実質的権利はそれにより消滅しないと解される（最判平13・1・25民集55巻1号1頁）。また，公示催告の公告があるだけでは，第三者は手形の喪失等の事実につき悪意・重過失があることにはならず，第三者は公示催告中に善意取得することが可能である。他方，除権決定によって，申立人には手形を所持するのと同じ形式的資格が回復される（非訟118条2項。これを除権決定の積極的効力という）。しかし，除権決定は申立人が実質的権利者であることまで認定するものではない。

　実務上では，手形の紛失・盗難等の場合に，日刊新聞にいわゆる手形無効広告を掲載することが広く行われている。しかし，これは法定の手続に代わるものではなく，単に盗難・紛失等の事実を広く知らしめて，それにより善意取得や抗弁制限の排除の可能性が多少とも大きくなるという点に実益があるにすぎない。

V 利得償還請求権

□1 概　念

　手形上の権利については，厳格な権利保全手続や特別の短期消滅時効の定

めがあり，手形所持人が手形上の権利を失う機会が多い。その場合に，手形債務者が手形債務を免れるとともに手形の授受に関連して取得した対価または資金を保有できたのでは，法的見地からみて衡平に反する。そこで，手形法85条は当事者間の衡平を図るために，所持人は振出人，引受人または裏書人に対して，その受けたる利益の限度において，償還請求できる旨を規定する。これが利得償還請求権である。

　利得償還請求権の法的性質に関しては，現在では一般に，それは衡平の観念に基づき法の規定によって認められた一種特別の請求権であり，これは手形法上の権利ではあるが手形上の権利ではないと解されている（最判昭34・6・9民集13巻6号664頁）。しかし，手形法が特に認めた特別の権利というだけではその特別な法的性質は明確にされていないから，それに加えて，利得償還請求権は実質上は手形上の権利の変形物であると解する説が有力である。手形上の権利とその消滅後に発生する利得償還請求権との実質的な関連性を認めて，このようにその法的性質を手形上の権利の変形物と考えるのは適当である。しかし，法的性質をこのように解するとしても，利得償還請求権と手形上の権利との同一性をどの程度認めるべきかは，上記の法的性質論から直ちに結論できるものではない。それは，結局，手形上の権利を失った債権者と債務者との関係の衡平に適った処理という，この権利が認められる趣旨に従った具体的検討にゆだねられている。

□2　要　件

　(1)　**権利者と義務者**　　利得償還請求権の権利者は，手形上の権利の消滅時における手形権利者である。義務者は，振出人，引受人または裏書人に限られる。

　(2)　**利得償還請求権の発生要件**　　第1の要件は，手形上の権利の消滅時に，手形要件を具備した手形が存在し，手形上の権利が有効に存在していたことである。第2の要件は，手形上の権利が手続の欠缺または時効によって消滅したことである。利得償還請求権の発生のためには，他のすべての手形債務者に対する手形上の権利も消滅したことを要するか否か，および，他

に民法上の救済方法がないことを要するか否かの問題がある。判例はこれら2点のいずれについても肯定する（大判昭3・1・9民集7巻1頁，大判昭13・5・10民集17巻891頁，最判昭43・3・21民集22巻3号665頁）。しかし，手形法85条の立法趣旨は手形法の厳格性に基づく手形権利の消滅の緩和にあることから，利得償還請求権の発生を限定した場合にのみ認めるべきでないこと，および，利得償還請求権を実質的に手形上の権利の変形物と解する以上は，各々の手形債務は独立したものであることから，利得償還請求を受ける手形債務者に対する手形上の権利さえ消滅していればよいと考えるのが妥当である。所持人が原因関係上の債権をも有する場合には，次の利得の要件が欠けていると解される。第3の要件は，利得償還請求を受ける手形債務者が利得していることである。手形法85条にいう「受ケタル利益」とは，手形債務者が手形上の債務を免れたこと自体ではなく，実質関係において受けた利益であって，積極的な金員の交付に限らず，消極的に既存債務の支払いを免れた場合も含む（大判大5・10・4民録22輯1848頁）。たとえば，図-26のように，AがBを受取人として振り出した約束手形がBからCへ，さらにCからDへといずれも支払いのため交付され，手形債権と原因債権とが併存しているとすると，Aに対する手形上の権利が時効消滅した場合に関して，DはCに対して健全な手形（有効な完全な手形）を返還できないので，DはCに対する原因債権を行使できなくなると一般に考えられている。そこで，BおよびCは自己の原因関係上の対価を確保できることになり，それとともに，BのAに対する原因債権も消滅するから，ここにAには利得があることになる。他方，裏書人が後者から原因関係上で対価を得ても，前者に対価を提供している以上は，その差額はここにいう利得ではない。

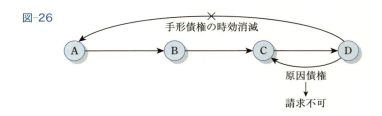

図-26

(3) 利得償還請求権の成立・行使と手形の所持

利得償還請求権は手形上の権利自体ではないので，手形上の権利の成立と行使に手形が必要であっても，手形の所持と利得償還請求権の成立・取得および行使とを論理必然的に結び付けて考える必要はない。このことは，利得償還請求権を手形上の権利の変形物と解する立場でも変わらない。

判例は，利得償還請求権の取得には手形の所持，除権決定は不要であるとする（最判昭34・6・9民集13巻6号664頁）。利得償還請求権を手形上の権利の変形物と解せば，その取得に手形の所持が必要となりそうだが，通説もこの判例と同様に不要と解する。その理由は，利得償還請求権の認められる趣旨に照らして，手形の現実的所持の有無によりこの権利の成立の有無が決められるべきではないこと，および，手形喪失者も第三者による善意取得の生じない限りは，依然として実質的な権利者であることなどにある。手形法85条は「所持人」が償還請求をなしうる旨を規定するので，利得償還請求権の取得に手形の所持を不要とする上記解釈の支障となりそうだが，それは，手形権利者は手形を現実に所持するのが普通であるために，通常の場合を前提にして規定しているにすぎない。

利得償還請求権の行使に関しては，学説上，必要説と不要説とが対立する。必要説は利得償還請求権が手形上の権利の変形物であることを強調し，不要説はそれが非手形上の権利であることを強調する。さらに，必要説は，手形を所持することなく，また除権決定も得ないで，自己が実質上の権利者であり，他に善意取得者（権利消滅前に善意取得した者）がいないことを証明することは困難であると指摘するが，不要説は，簡便な方法による証明によっても権利行使が認められてよいとする。これに対して，必要説はそれでは善意取得者の利益が犠牲にされてしまうとする。この問題に関しては，手形上の権利の存在する間には強度の流通保護が働く以上，手形上の権利の消滅後は直ちに全面的に手形法的な取扱いから離れてよいとすべきではなく，権利の消滅した手形に関する善意の取得者の保護を考慮して利得償還請求権を行使させるべきであって，必要説を支持すべきと考える。

3　消滅時効期間

　利得償還請求権の消滅時効期間に関しては，古くは手形行為その他の商行為によって生じたものではないことを理由に，一般債権に準じて10年と解する見解もあった。しかし，有力説は，利得償還請求権を手形上の権利の変形物と解する説に代表されるように利得償還請求権と手形上の権利との関連性を認め，それに基づいて商法501条4号にいう「手形に関する行為」（商行為）によって生じた債権に準ずる権利であり，「債権者が権利を行使することができることを知った時から」（取得時から）5年の時効（民166条1項1号）によって消滅すると解する。判例もこれと同様の立場から5年説をとる（最判昭42・3・31民集21巻2号483頁）。

　しかし，学説中には，手形上の権利の短期消滅時効の趣旨に照らして，手形上の権利の消滅時効期間との均衡上5年では長過ぎるとするものが多く，3年，あるいは手形のそれぞれの短期時効がそのまま準用されるべき，手形法70条を類推適用すべきだが利得償還請求権の第2次的性格にかんがみて，遡求権の消滅時効期間に準じて1年と解するなどと主張されている。利得償還請求権をどこまで消滅した手形上の権利と同一に取り扱うかは，利得償還請求権の認められた趣旨，当事者間の利益衡量によって確定されるべきである。手形上の法律関係が短期間で消滅すべきであるからといって，手形上の権利が消滅した後の法律関係も同様であるべきだとは単純にはいいがたく，むしろ，手形上の権利消滅後の権利として，利得償還請求権にはより長期の消滅時効期間が適用され，当事者間の衡平に適って取り扱われるべきと考えられ，解釈論上も無理のない5年説を支持する。

Ⅵ　約束手形の保証

1　手形保証

　手形保証は，手形上の債務者の手形債務の全部または一部を担保するため，

手形上になされる手形行為の一種である（手77条3項・30条・31条）。手形保証は，保証人が手形上に署名（記名捺印）をすることだけによって行われ，単独行為にあたる。保証には何人のためになすかを表示することを要し，表示のないときは，為替手形の振出人または約束手形の振出人のためになしたものとみなされる（手77条3項・31条4項）。手形保証の効力（附従性・独立性）および手形保証人の求償権の取得に関しては前述した（127頁以下）。

□2 隠れた手形保証

裏書により裏書人は主たる手形債務者の債務を担保することから，手形保証をする代わりに，保証目的で裏書が利用される場合がある。これを隠れた手形保証という。実際には，手形保証は債務者の信用力の乏しさを公表する結果になるため，利用されるのはまれであり，隠れた手形保証によるのが一般的である。たとえば，図-27 において，A株式会社がC社から購入した商品の代金の支払のために約束手形を振り出すにあたり，C社の要求に応じて，資産家でA社の取締役であるBが受取人になり，隠れた手形保証のためにC社に裏書する場合である。なお，この場合に，A社と取締役Bとの間には，会社に不利益を及ぼすことがないため，利益相反関係（会社356条1項2号）は生じない。

しかし，その手形上の効力は，もっぱら手形上に表示された行為の性質によって決まり，保証の目的は当事者間の人的抗弁事由であるにとどまる。

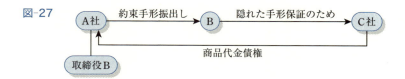

図-27

■第 8 章■
為 替 手 形

I 為替手形の特色

□1 緒 論

　約束手形は振出人が受取人または所持人に対して一定金額の支払いを約束する旨の文言を記載した支払約束証券である。これに対して，為替手形は，振出人の支払人に宛てた，受取人または所持人に対して一定金額を支払うことを委託する旨の文言を記載した証券である。それは小切手と同様に支払委託証券である。そして，約束手形の法的本質は支払約束にあるのに対して，為替手形の法的本質は支払委託にある。近代的な手形制度は為替手形を中心にして発展してきたのであり，ヨーロッパでは為替手形が手形の本質的形態とされてきた。そのため，ヨーロッパの手形利用は為替手形が中心である。そしてこのことを反映して，ジュネーヴ手形統一法はまず為替手形に関する規定をおき，それを約束手形に準用する方式を採用したのである。しかし，わが国の国内取引における為替手形の利用はわずかであり，約束手形の利用の占める割合が圧倒的に大きい。反面，輸出輸入取引による海外の債権者への送金の手段，および，海外の債務者から金銭債権を取り立てる手段として，為替手形は今日も重要な意義を有しており，依然として相当に利用されている。

□2 約束手形との相違点

　為替手形と約束手形との主要な相違点は以下のようである。

① 基本的な法的構造の面において（前掲の図-2参照），約束手形にあっては振出人と受取人（所持人）の二者が手形の当事者であるのに対して，為替手形にあっては，振出人と受取人（所持人）に支払人が加わり，三者が当事者である。

② 実質関係としては，約束手形にあっては振出人と受取人の間に存する原因関係が法的に問題となるのに対して，為替手形にあっては，それに加えてさらに，振出人と支払人との間に存する資金関係が問題になる。為替手形において支払人が引受け，支払いをするのは，この資金関係の存在に基づいている。資金関係は多様な形をとる（前述25頁）。

手形法上では，資金関係は手形関係から分離しているものとして構成される。手形法は資金関係に関してまったく規定をおいておらず，資金関係は手形法外の関係として理解されるべきである。資金関係も原因関係と同様無因性を有している。

約束手形の振出人と支払銀行（支払担当者）の間に準資金関係が存在するのと同様に，為替手形の引受人（支払人）とこの者が取引をしている支払銀行（支払担当者）との間には準資金関係が存在する。

③ 約束手形が振り出されると同時に，手形は金銭債権を表章し，振出人は主たる手形債務者として絶対的な債務を負う。それに対して，為替手形においては，あらかじめ支払人が引き受けていない限り，振出しの時点では未だ主たる手形債務者は存在しておらず，手形には支払人の引受けを条件とする金銭債権が表章されるにとどまる。為替手形の支払人は引受けをしたときから主たる手形債務者となる。為替手形の振出人は，支払人の引受けおよび支払いに対して担保責任を負うのみであり，遡求義務者であるにとどまる。

④ 約束手形に関する手形行為としては，振出し，裏書および保証の3種があげられるが，為替手形に関する手形行為としては，この3種に加えて，引受けおよび参加引受があげられる。特に支払人による引受けという制度は，為替手形の大きな特色である（後述Ⅲ）。

約束手形の遡求義務者は支払いを担保するのみだが，為替手形の遡求義務者は，支払いについてだけでなく引受けについても担保責任を負う（手9条1項・15条1項）。裏書人は無担保文句の記載によって，引受担保責任および支

払担保責任の両方またはその一方を免れることができる（手15条1項）。しかし，振出人は引受無担保の文句のみを記載できるにすぎず，支払担保責任を排除することはできない（手9条2項）。手形所持人は，引受けの全部または一部が拒絶された場合や支払人による引受け・支払いの可能性がない場合には，満期前でも遡求できる（手43条）。

⑤　為替手形には複本および謄本の制度が認められている。約束手形には謄本のみしか認められていないのと相違する。手形の謄本とは，原本の謄写であって，その上に裏書または保証をすることができるが，権利行使には原本を伴うことが必要である。これに対して，複本とは1個の手形関係について発行された同一の手形債権を表章する複数の手形をいい，その間に正副の区別はない。外国為替手形には広く複本が利用されている。複本の1通に対する支払いは，他の複本にも及ぶのが原則である（手65条1項）。これを複本一体の原則という。

□3　為替手形の基本的記載事項

為替手形の必要的記載事項は，手形法1条に列挙されており，約束手形と共通の事項も多いが，約束手形と比較した主要な特色は以下の点にある。

①　為替手形は支払委託証券であるため，単純なる支払委託文句の記載が必要である（手1条2号）。

②　約束手形と異なり，為替手形にあっては引受けをすべき支払人の記載が要求される（手1条3号）。振出人自身が支払人となることが認められている（手3条2項）。このような手形を自己宛手形という。このような自己宛手形に引受けをしてから債権者に交付する場合には，法的な働きはまったく約束手形と同一である。

③　振出人自身が受取人となることも許される（手3条1項）。このような手形を自己指図（自己受）手形という。なお，振出人が支払人と受取人の三者の地位を兼併することは許されないと解される。

Ⅱ 為替手形の振出し

□1 振出しの法的性質

　為替手形の振出しによって為替手形関係が成立するが，この手形関係の中心となっているのは支払委託関係であり，為替手形の法的本質は支払委託にある。為替手形の振出しの法的性質に関しては古くから議論がある。

　有力説は，為替手形振出しの注的性質をドイツ民法上の支払指図，または，広い意味での支払指図としてそれに準じたものとして構成する（支払指図説）。これはドイツ通説に従うものである。それによれば，指図人である為替手形振出人は，一方では，被指図人である支払人に対して支払人の名において振出人の計算で支払いをする権限（支払権限）を授与し，他方では，指図受取人である為替手形受取人（所持人）に対して受取人の名において振出人の計算で支払いを受ける権限（支払受領権限）を授与すると構成する。すなわち，二重授権が行われるとする。この支払指図説は，為替手形中に支払委託（手1条2号）が含まれていることと親近性を有している。

　この支払指図説は今日広く受け入れられている。しかし，この説は必ずしも十分に論拠が解明されているとはいえず，以下のようないくつかの疑問点が残っている。たとえば，①ジュネーヴ手形統一法会議では手形法1条2号の支払委託文言に関してまったく支払指図の観念は顧慮されなかった。この規定中の「支払委託」の概念を各国の民法に固有な観念に依拠して理解することは，この規定が為替手形制度の中核にかかわるものであるため，手形法の実質的な国際的統一性を害するおそれがある。②ドイツ民法上の支払指図の制度は，歴史的にみて，支払簡易化の需要に応ずるために発生してきたものであるが，これに対して，為替手形はその起源において信用利用の手段として発生し，発展してきた制度であって，両者の間には機能的な相違がみられる。③ドイツ民法上の支払指図の制度と為替手形制度との間には，制度の基本構造において相違がある。すなわち，支払指図の制度においては，指図人，被指図人，受取人の三当事者が必要であるが，これに対して，為替手形

においては，自己宛手形，自己受手形のように手形当事者の兼併が認められ，また，振出人以外の第三者が支払人に対して手形の支払資金の提供義務を負う委託手形が認められている（手3条3項）。

2　為替手形振出しの効力

　為替手形の振出しにより，為替手形が成立するが，それは，支払人の引受けを条件とする金銭債権および引受拒絶・支払拒絶の場合における振出人に対する償還請求権（遡求権）という択一的関係にある金銭債権を表章する。

　振出人は，引受けおよび支払いを担保する（手9条1項）。振出人の担保責任は裏書人の担保責任と同様に，手形の流通強化のために，手形法が定めた法定の責任である。振出人の担保責任の根拠を振出人の意思表示の効果に求める見解もあるが，為替手形の振出し中にこのような意思表示が含まれるとは解しがたいこと，および，歴史的にみて，為替手形振出人は当初受取人に対してのみ担保責任を負うにすぎなかったのであり，所持人一般に対して担保責任を負うことは，法の効力に基づくと解すべきことから，法定責任と解する。

　振出人が引受不担保の文言を記載した場合にはそれは有効である。しかし，支払不担保の文言は記載せざるものとみなされる（手9条2項）。振出人が支払いを担保しない場合には，手形の支払確実性と流通性が害されるからである。したがって，所持人は，引受拒絶の時点では引受不担保文句により振出人に対して遡求できなくても，満期における支払拒絶の時点で振出人に対して遡求できる。

III　引受け

1　引受けの概念

　引受けとは，為替手形の支払人がなす手形金額支払いの債務を負担する手

形行為をいう。為替手形の支払人は引受けをしたときから主たる手形債務者となる。

　引受けは，「引受」その他これと同一意義の文言（引受文句）を記載して，支払人が署名をすることにより（正式引受），または，手形の表面に支払人が単に署名をすることによって（略式引受）行われる（手25条1項）。実際には，手形用紙表面の引受欄への記入，署名によってなされる。

　引受けという手形行為は，単独行為として理解すべきである（通説）。それは手形理論として原則的に契約説をとる立場においても同様である。なぜなら，引受けを契約の観念により構成しようとすると次のような不都合が生じるからである。すなわち，引受けは，手形の所持人または単なる占有者の求めに応じて成立する（手21条）が，この呈示人が制限行為能力者や無権利者である場合に，引受けを契約として理解しようとすると，引受けが有効に成立しないという不都合が生ずる。さらに，支払人は引受けを手形金額の一部に限ることができる（手26条1項但書）が，これは引受人の意思だけでできることである。したがって，以上より，引受けは相手方のない単独行為と解すべきであり，呈示人が制限行為能力者，無権利者であるときにも有効に成立すると解する。さらに，引受けの有効な成立のためには，呈示人への手形の返還が必要であると考えられる。そこで，引受人は手形の返還前には引受けの記載を抹消して，引受けを撤回することができる（手29条1項）。

□2　引受けの成立

(1) 引受呈示　　為替手形の所持人または単なる占有者は，満期の前日までに支払人の住所または営業所において引受けのための呈示（引受呈示）をすることができる（手21条）。支払担当者の記載があっても，支払人に対してすることが必要である。引受呈示は原則として満期の前日までにすることを要するが，満期後であっても支払人が引き受ければ，引受けとして有効である。しかし，この引受呈示期間経過後における引受拒絶によっては，当然に遡求権を行使することはできない。手形の所持人は，引受呈示をする権利を有するが，引受呈示をすべき義務を負っているわけではない（手21条

は引受けのため「呈示スルコトヲ得」と規定する）。したがって，引受呈示をするか否かは所持人の自由であり，これを引受呈示自由の原則という。ただし，振出人または裏書人は期間を定めまたは定めないで引受呈示を命令し，または引受呈示を禁ずることができる（手22条）。

(2) **引受けの単純性**　　手形行為として引受けは単純であることを要する（手26条1項）。これに対して，振出人の資金供給や受取人の契約履行といった条件を付した引受け，手形金額の一部に限る一部引受，および，割賦払いで支払う旨を加えた引受けのように，手形の記載内容に変更，条件を加えた引受けを不単純引受という。手形法は一部引受を有効とし（手26条1項但書），条件付引受のような不単純引受については，それを全面的に無効とせず，引受拒絶としての効力を有するとする（手26条2項）。そこで，手形所持人は引受拒絶として遡求義務者に対して遡求権を行使できるとともに，引受人に対して変更した文言に従って手形上の責任を問うことができるものとする（手26条2項但書）。手形法26条の解釈論としては，引受けの単純性の原則に照らして，条件付引受を無効とし，同条2項により引受拒絶の効力があるのは，一部引受，条件付引受以外の記載の変更に限ると解する余地もある。けれども，このような解釈によるべきではないと考える。なぜなら，引受けは支払いにかかわる行為であり，行為の単純性が害されているか否かによって行為の有効な成立の有無を問題にすべき振出し等の手形流通にかかわる手形行為とは別異に考えてよいと思われるからである。そして，条件付引受を手形法26条2項の二者択一的な取扱いに服せしめても，それにより手形所持人に不利益を与えないと考える。

■第 9 章■
小 切 手

I 小切手の特色

□1 小切手の概念

　小切手は，振出人が支払人である銀行に宛てた，所持人に対して一定金額を支払うことを委託する旨の文言を記載した証券である。それは為替手形と同様に支払委託証券であり，小切手の法的本質も支払委託にある。小切手にあっては，為替手形における支払人による引受けという制度は認められていないから，主たる小切手債務者という概念はまったく存在していない。そこで，小切手においては，その信用力を高める必要があるので，小切手は銀行に宛てて（銀行を支払人として）振り出されるべきものと規定されている（小3条）。

　銀行は，小切手においては，小切手法上支払いをすべき者とされる支払人の地位に直接的に立ち，手形において，支払いをすべき債務者に代わって支払いをなす支払担当者の地位に立つのと相違する。小切手の振出人と支払人である銀行との間には為替手形の振出人と支払人間と同様の資金関係が存在し，為替手形の引受人または約束手形の振出人と支払担当者である銀行との間に存在する準資金関係と相違する。

　手形の場合におけると同様に，小切手の振出人と支払銀行との間には，当座勘定取引契約（当座預金取引）が存在することが前提となる。この当座勘定取引契約中には，顧客が振り出した手形・小切手に対し，顧客の当座預金を支払資金として支払いをするという内容の継続的かつ包括的な支払事務の処理を目的とする準委任契約である小切手契約が含まれている。

□2　小切手と手形の異同

　小切手の経済的機能は，もっぱら現金通貨による支払いに代わる機能にあり，これに尽きている。これに対して，手形の経済的機能は，支払いの手段であることにとどまらず，むしろ，信用利用の手段であることに中心がある。このような手形と小切手の経済的機能の相違は，以下に示すように手形・小切手の法制度上の相違の面にも反映している。小切手法の手形法に比較した主要な特色は以下の点にある。

　①　支払手段として十分に機能するために，小切手の支払人の資格は原則的に銀行に限られている（小3条）。これに違反するときには過料に処せられる（小71条）。そして，振出人が支払銀行に支払呈示の時点において支払資金を有し，かつ，支払銀行との間に振出人の振り出した小切手に対して支払いをなすべき明示または黙示の契約（小切手契約）が存在していることが要求される（小3条）。しかし，小切手については引受けが禁止されているために（小4条），小切手の所持人は支払人である銀行に対して小切手支払いを求める直接的訴権を有することはない。支払銀行は，小切手契約上，顧客である振出人に対して小切手支払いの義務を負うにすぎない。

　②　支払手段である小切手には持参人払式（無記名式）のものが認められ（小5条1項3号），受取人の記載を手形要件として無記名式のものを認めない手形法と相違する。わが国の実際においては，持参人払式が一般化している。持参人払式の小切手は単なる交付だけで譲渡され，裏書は不要である。しかし，反面，その盗難または紛失により，不正な所持人が支払いを受けて所持人・振出人が損害を被る危険を避けるために，所持人が支払いを受けるためには原則的に銀行を介してでなければならないとする線引の制度（小37条・38条）が設けられている。

　③　支払証券である小切手は，現金に代わるものとして，常に一覧払いとされ，満期の記載は許されず，これに反する一切の記載は，すべて記載のないものとみなされる（小28条1項）。同様に，迅速に決済されるべきものとして，小切手の支払呈示期間は，振出日付後10日間とされている（小29条1項）。支払呈示期間の経過により振出人・裏書人に対する遡求権は消滅するが，し

かし，支払呈示期間経過後においても，支払委託の取消しがない間は，支払人である支払銀行は支払いをすることができる（小32条2項）。同様の趣旨から，消滅時効期間は手形におけるよりも短縮されている（小51条）。

④　小切手の信用証券化を防ぐために，支払人による引受けが禁じられ（小4条），支払人による裏書は無効とされている（小15条3項）が，小切手の支払確実性を高める方法として，支払人が小切手上の支払義務を負担する支払保証という制度が認められている（小53条以下）。しかし，支払保証は引受けと同一の効果を有するものではなく，それにより支払人は最終の遡求義務者としての地位につく。

□3　先日付小切手

　先日付小切手とは，振出しの日付を現実の交付の日よりも後の日とする小切手をいう。小切手の現実の振出日の時点においては，振出人が銀行に支払資金を有さない場合に利用される。このような現実の日を振出日として記載していない小切手の振出しの効力自体はそれだけによって害されることはない。しかし，所持人は小切手上の振出日の到来するまで請求できないとすると，それは，実質において振出しの日付を満期とするのと同様となり，小切手の一覧払性と矛盾する。そこで，このような先日付小切手は本来無効とすべきものだが，その利用を排除することは実際には不可能であって，それを無効とすると善意の取得者を害することから，小切手法は，先日付小切手は，記載された振出日付前であっても，支払呈示された日に支払うべきものと規定する（小28条2項）。先日付小切手の振出しにあたっては，振出人と受取人の間に記載された振出日以前には支払呈示しない旨の特約がある場合が多い。そこで，振出日付以前の支払呈示により振出人が損害を被った場合には，この特約違反に基づいて受取人に対して損害賠償を請求できると解する見解がある。しかし，小切手法28条2項の趣旨に照らして，先日付小切手の不当性を実質的にも排除するため，受取人の特約不遵守に基づく損害賠償責任を認めるべきではない。

Ⅱ 小切手の振出し

□1 小切手の基本的記載事項

　手形と比較した小切手の記載事項の面における特色は以下の点に存する。
　① 為替手形と同様，単純な支払委託文句が要求される（小1条2号）。
　② 支払人は銀行に限定されている（小1条3号・3条・59条）。支払担当者または支払場所も銀行であることを要する（小8条）。
　③ 小切手は記名式，指図式でも，記名式で指図禁止にしても，または，持参人払式でも，振り出すことができる（5条1項）。
　④ 小切手は振出人を受取人（自己指図小切手）としても，または，振出人自身が支払人（自己宛小切手）になってもよい（小6条1項・3項）。特に，銀行が自己を支払人として振り出す自己宛小切手（預手）は，支払確実性がきわめて高いものとして，通常は現金と同視され，広く用いられている。
　⑤ 小切手には手形と異なり収入印紙を貼付する必要はない。これは小切手が支払証券として現金通貨に代替するものだからである。

□2 小切手振出しの法的性質

　為替手形の振出に関してと同様に，小切手の振出しの法的性質についても，小切手中に含まれている支払委託（小1条2号）の意義付けをめぐって，学説上争いがある。これに関しても，ドイツ民法上の支払指図として構成する見解が有力である。
　小切手の法的本質は支払委託にある。小切手の振出交付により，受取人は小切手上の権利（支払人の支払いに対する期待利益を享受する地位，および支払拒絶の場合の償還請求権）を取得し，他方，小切手中の支払委託により，支払人は小切手所持人に対して支払いをなす権限を授与される。支払人である銀行と顧客である振出人との間には小切手契約が存在し，これに基づいて支払銀行は支払いの効果を振出人に帰することができる。

3　小切手の振出しの効力

　小切手の振出しにより，小切手は，小切手上の権利，すなわち，支払人によって支払われるとの期待利益（期待権）を享受する地位，および支払拒絶の場合の振出人に対する償還請求権という二者択一的関係にある地位または権利を表章する。小切手の振出人は，支払いを担保する遡求義務を負担し，支払不担保の文言は記載なきものとみなされる（小12条）。

III　小切手の流通と決済

1　小切手の流通

　小切手も手形と同様に法律上当然の指図証券であり，裏書により譲渡できる（小14条1項）。これに対して，持参人払式，および選択無記名式の小切手（小5条）は，単なる引渡しだけで譲渡できる。わが国では持参人払式の小切手が一般的に利用されており，統一小切手用紙は持参人払の方式を採用しており，小切手用紙の裏面には裏書欄は設けられていない。

　持参人払式小切手の所持により所持人には権利者としての形式的資格が認められる。そして，持参人払式小切手の交付だけによる譲渡に関しても，善意取得，抗弁制限という流通保護制度が働く。このような持参人払式小切手の譲渡に際して裏書をしても，この裏書に権利移転的効力や資格授与的効力を認めることはできない。しかし，この裏書は担保的効力を生ずる（小20条）。担保責任を負わせても，裏書人の意思に反するわけではなく，かつ，小切手流通の強化に資するからである。

2　小切手の支払い

(1) 支払呈示期間　　支払呈示期間の計算は，小切手面上に記載されている振出日付を標準として（小29条4項），振出日は初日として算入しないで

（小61条）行う。小切手法29条4項が振出日付を起算日としているのは，統一法の誤訳であるとされている。したがって，支払呈示期間は，振出日およびそれに次ぐ10日間である（小29条1項）。

　所持人は，上記支払呈示期間内に支払呈示をしたが，支払人が支払わないときには，振出人，裏書人に対して遡求することができ（小39条），支払人が支払保証をしていれば，これに対して請求することができる（小55条1項）。

(2) 支払人の調査義務

記名式および指図式の小切手にあっては，裏書の連続する小切手の所持人に形式的資格が認められ，持参人払式小切手にあっては，小切手を所持する者に形式的資格が認められる。小切手の支払人による支払いに関しては，小切手法35条が適用されるが，この規定には，手形法40条3項と比較して，「満期ニ於テ支払ヲ為ス者ハ悪意又ハ重大ナル過失ナキ限リ其ノ責ヲ免ル」に相当する規定が欠けている。これは，小切手の支払人が小切手法上支払義務者でないため，「責を免れる」と表現するのが適切でないので，規定しなかったにすぎず，悪意・重過失なしになされた支払いを有効なものと解すべきは当然である。したがって，手形法40条3項の前段が類推適用されるべきである。そこで，たとえば，支払人である支払銀行が悪意または重過失をもって無権利の小切手所持人に支払った場合には，支払いにより小切手関係は消滅していないから，振出人の真の権利者に対する遡求義務は未だ消滅せず，この権利者は支払人に小切手の返還を求めうる。

(3) 偽造小切手の支払い

支払銀行が偽造の小切手の支払呈示に対して支払いをした場合に，それによって発生した損失をとりあえず振出人，支払人のいずれが負担すべきかの問題が争われている。支払銀行による小切手支払いが，小切手法35条の意味での有効な支払いであれば，小切手上の権利は消滅し，支払銀行はその結果を振出人である顧客に帰することができる。しかし，これは小切手が真正に振り出されたものであることを前提としており，偽造の小切手の支払いには，35条の適用はない。

　今日，振出人が本来的に損失を負担するとの見解と，原則的には支払人が負担すべきだが，それは免責約款により振出人に転嫁されるとの見解とが対立している。

　振出人が本来的に損失を負担するとの見解の第1は，受領権者以外の者で

あって取引の社会通念に照らして受領権者としての外観を有するもの（いわゆる債権の準占有者）に対してした弁済に関する民法478条の規定を類推適用して，銀行が善意・無過失の場合には，弁済は有効であり，振出人が損失を負担するとする。この見解は，支払人である銀行が資金関係上で債務を負担し，この意味で顧客は債権者であり，偽造小切手の請求者は，顧客の有する債権の受領権者としての外観を有する者（債権の準占有者）とみられるという考え方に依拠する。しかし，当座預金は原則的に小切手（または手形）によってのみ引き出すことができるとされており，銀行の顧客に対する資金関係上の債務は，有効な小切手の振出しによりはじめて具体化されるのであって，偽造小切手の場合には民法478条の適用の前提要件が充たされていないとの疑問がある。第2は，小切手契約に依拠する見解であり，小切手契約上の委任は，真正の小切手に支払いをなすべしという内容として理解されるべきではなく，せいぜい最高の慎重さをもって支払えとの内容であるとしたうえで，受任者である銀行は，委任事務処理に必要と認めたことに過失がない限り，振出人に支出費用を求償でき，顧客の負担とすることができるとする（委任事務処理費用説）。この見解はまず，銀行は手形・小切手の支払いにより，準委任契約に基づいて，委任事務処理費用の償還請求権を取得して（民650条1項），これと当座預金の払戻請求権とが相殺されるとの考え方を基礎としている。しかし，当座預金は原則的に手形・小切手の支払いによってのみ払い戻されるものとされていること（当座勘定規定7条2項）からも，より直接的に，小切手の支払いは当座預金の払戻しであると解する方が適切と考えられる。そうすると，小切手の支払いにより委任事務処理費用償還請求権が成立すると構成することは不要であるから，上記見解はこの点において不適当である。さらに，小切手契約においては，当事者間の契約の内容は，明らかに，顧客が真に振り出した手形・小切手に対して支払いをすべきことにあるのだから，このような偽造小切手の支払いは，委任の本旨に従った委任事務の処理（民644条）には該当せず，銀行のなした支出も，委任事務を処理するのに必要と認められる費用（民650条1項）にあたると解せるかは疑わしい。

当座勘定規定は，その16条1項で，小切手に使用された印影を届出の印鑑と相当の注意をもって照合し，相違ないと認めて支払った場合には，偽造小

切手支払いにより生じた損害は顧客の負担とする旨を規定する（前述10頁）。銀行には日々大量の手形・小切手を限られた時間内に迅速に決済すべきことが要請されていること，および，当座預金口座の管理上，支払いをなす手形・小切手の厳重な確認は当座預金から銀行が得られる利益に見合わない過度のコスト，時間を要することから，このような意味で，いわば，銀行は手形・小切手の迅速な支払いに強制された地位にあるといってよい。したがって，このことに照らせば，偽造小切手支払いの損失を原則的に顧客に負担させる免責約款は，銀行が支払いにあたって合理的な程度の注意義務を負担する限りにおいて，有効性を認めてよい。

□3 支払保証

支払人は支払保証をすることにより，最終の遡求義務を負担する（小53条・55条）。所持人は，支払呈示期間経過前に支払呈示をし，かつ，拒絶証書等により支払拒絶の事実を証明する場合に限って，支払保証人に対して請求できるにとどまる（小55条1項・2項）。支払呈示をすべき相手方が支払保証人である支払人であることに照らせば，上記規定は不可解であり，また，拒絶証書の作成免除が支払保証にまったく認められないことも不適当である（竹田省・手形法小切手法（1955年，有斐閣）251頁）。

実際には，支払保証を求められた支払銀行は，それに代えて自己宛小切手を交付している（当座勘定規定13条）。小切手を受け取る側にとってはいずれでも同一の結果を得られるし，支払銀行にとっては，顧客の当座預金勘定から小切手金額を引き落として，それを「別段預金（雑預金）」中の「自己宛小切手支払口」に振り替えることにより，安全に支払資金を確保して支払いにあてることができる。

□4 小切手の時効

小切手上の権利の時効期間は，手形の場合と比べて短縮されている。すなわち，裏書人，振出人等に対する遡求権の時効期間は呈示期間経過後6カ月

であり（小51条1項），小切手を受け戻した者の再遡求権の時効期間は，受戻しの日または訴えを受けた日より6カ月である（小51条2項）。また，支払保証をした支払人に対する請求権の時効期間は，呈示期間経過後1年である（小58条）。

5 利得償還請求権

　小切手の利得償還請求権（小72条）に関する固有の問題として，所持人が支払呈示期間内の呈示を怠ったとき，支払呈示期間の経過とともに小切手上の権利が消滅して，利得償還請求権が成立するか否かの問題がある。約束手形の振出人および為替手形の引受人の債務は絶対的なものだから，呈示期間経過後も時効消滅しない限りは消滅することはない。他方，未引受けの為替手形では主たる手形債務者が存しないから，支払呈示期間の経過とともに手形上の権利は消滅する。他方，小切手においては，所持人が呈示期間内の支払呈示を怠っても，支払委託の取消しのない限り，呈示期間経過後にも支払人は支払いをなすことができるとされている（小32条2項）。
　第1説（停止条件説）は，支払呈示期間経過後にも支払いを受けられる可能性があるので，所持人は確定的に失権するものではないから，支払委託の取消しまたは支払拒絶により支払呈示期間経過後の適法な支払いの可能性が消滅することを停止条件として利得償還請求権が発生するとする。第2説（解除条件説）は，支払呈示期間の経過とともに小切手上の権利は消滅し，利得償還請求権は確定的に発生するが，このことは，支払人の支払権限，所持人の支払受領の権限を否定するわけではなく，有効な支払いがなされれば，利得償還請求権はその時に消滅するとする。実際上の結果は，いずれの説によろうと同様である。
　支払呈示期間の経過とともに，振出人，裏書人は小切手上の責任を免れ，また，支払人はもともと債務を負担していない。したがって，小切手上の支払人に対する支払指図は，支払呈示期間の経過により本来的に効力を失い，支払人による支払いは停止されるべきことになる。また，小切手契約上の支払指図も本来的にはこのようなものであると思われる。けれども，小切手の

支払制度としての意義に基づき，また，振出人の利害に一致することから，支払呈示期間経過後も支払委託の取消しのない限り，支払人は有効に支払いをすることができ，その結果を振出人の計算に帰することができる旨を，小切手法32条2項は規定している。この規定はこのように実質的には支払人保護の規定としての意義を有しているといってよいが，しかし，本来的には，その立法趣旨は小切手所持人の保護にある（後述Ⅳ）。そこで，支払呈示期間経過後にも，支払委託の取消しのない限り，小切手上の支払指図，および，小切手契約上の支払指図は存続しているのであって，支払人の支払権限は存続すると解し，他方で，所持人の支払受領の権限もこのような意味において法的に存続するものと解すべきである。以上のように支払委託の趣旨，小切手法32条2項の趣旨に照らして考えると，支払呈示期間の経過の時点において小切手上の権利は消滅するかという問題を設定し，これに明確な解答を与えることは必ずしも適切ではないと思われる。

けれども，本来的には支払呈示期間の経過により支払指図は効力を失うべきものであること，および，支払呈示期間経過後の支払人による支払いは任意的権限によるものであるとの意義を有することから，利得償還請求権の成立の面では，呈示期間の経過により小切手上の権利は消滅するものとして，その時点において利得償還請求権の成立を認めるべきであって，結果として第2説を支持すべきと考える。

Ⅳ 支払委託の取消し

□1 支払委託の取消しの意義

小切手法32条1項は，小切手の**支払委託の取消し**は呈示期間経過後においてのみ効力を生ずると規定する。振出人のなす支払委託の取消しは，小切手の盗難，喪失などの場合に，公示催告・除権決定の複雑な手続に代えることができるという効果をもっている。当座勘定規定15条は，手形・小切手を喪失した場合に振出人に事故届の提出を求めているが，小切手の喪失届には支

払委託の撤回を含むものと解されている。したがって，支払呈示期間経過後の上記届出は，まさに有効な支払委託の取消しにあたる。しかし，32条1項によれば，支払呈示期間経過前に上記届出がなされた場合や振出人が小切手の支払いの差止めを求めてきた場合には，この支払差止は支払委託の取消しの効力を有さないことになる。

　小切手法32条1項の立法趣旨は，小切手所持人の保護にある。すなわち，小切手の支払委託の取消しを制限しないで，振り出した後に直ちに取り消すこともできるとすれば，それは小切手制度の信用を害し，支払手段として小切手を不十分なものとするとの弊害があることから，支払委託の取消しの制限は，小切手の支払手段としての意義のうえで，また，小切手制度の発展のうえで不可欠であると考えられ，現在の32条1項が規定されたのである。しかし，支払呈示期間経過前の支払委託の取消しは許されないとされているが，支払人である銀行は振出人の取消しにもかかわらず支払えるとはいっても，実際には，顧客に損失をかけないために支払うことはしないであろう。そして，このような支払委託の取消しの制限に違反する支払拒絶に対する制裁が規定上欠けているのである。この意味で32条1項は不完全な規定というべきである。

　今日，立法趣旨にもかかわらず，小切手法32条は実質的には支払人保護の規定としての意義を有すると指摘されている。すなわち，支払人は，①支払呈示期間経過前には，振出人の支払委託の取消しの有無について顧慮する必要がなく，この取消しに反して支払いをしたとしても，振出人に対して損害賠償責任を負うことはないこと（1項），および，②支払呈示期間経過後には，振出人，裏書人は本来は責任を免れるが，支払人は依然として有効に支払うことができること（2項）に，この規定の実質的意義がある。わが国の実務においては，支払呈示期間経過前に小切手喪失の届出がなされた場合や受取人との間の小切手振出しの原因関係の無効，取消しなどに基づく支払いの差止めのために振出人から事故届がなされた場合に，銀行は小切手の支払いを拒絶している。その理由としては，盗難，喪失による事故届の場合には，所持人が無権利者であることが多いから，その可能性を知りつつ支払いをなせば，悪意・重過失ある支払いとなることが多く，そのときには銀行は支払いの結

果を顧客の計算に帰することができないこと，事故届のあるときには，所持人が正当な権利者か否かの調査は困難だから，支払いを留保して不渡りとした方が銀行にとり安全であること，銀行は顧客たる振出人の保護を第一に考えること，および，支払銀行は所持人に対して何ら義務を負っていないので，支払いを拒絶しても所持人に対して責任を負うことがないことがあげられる。

□2 支払委託の取消しの法的性質

　支払委託の取消しの法的性質に関する学説としては，第1に，小切手の振出しを支払指図として構成する支払指図説に依拠して，支払委託の取消しはこの支払指図自体を撤回することであると解する支払指図撤回説がある。これはさらに2説に分かれ，その1は，①支払指図を支払人に対する関係でも，受取人に対する関係でも撤回するものと解し，その2は，②支払人に対する関係でのみ撤回するのであって，受取人に対して効果は及ばないと解する。第2は，振出人と支払人との間には小切手の支払いの事務を委託する小切手契約が存するが，個々の小切手振出しはこの小切手契約に対応する小切手関係外の支払指図をも意味しており，支払委託の取消しは，この小切手関係外の支払指図の撤回であって，それは民事小切手法上の概念であると解する支払事務委託撤回説である。

　以上2説のうち，支払事務委託撤回説および支払指図撤回説中の②説は，支払委託の取消しは支払人との間にのみ効力を有し，それは支払人の支払権限の授与の撤回を意味するとする。他方，支払指図撤回説はいずれも，支払委託の取消しは小切手法上の効力を生じ，小切手振出しの効力にかかわるものと解するのに対して，支払事務委託撤回説は，支払委託の取消しは小切手関係外の効力を生ずるものであり，それは振出人と支払人との間の資金関係上の法律関係に効力を及ぼすものと解している。

V 線引小切手

□1 意 義

　線引とは小切手の表面に二条の平行線を引いたものであり（小37条2項），これの施されている小切手を線引小切手という。線引には一般線引と特定線引がある。線引は振出人または所持人がすることができる（小37条1項）。

　小切手は持参人払式で振り出されることが多く（小5条1項3号），また一覧払いであるため（小28条1項），その盗難や紛失の場合に，不正の所持人が支払いを受ける危険が大きい。線引小切手はそれを防止するために設けられた制度である。すなわち，支払人は線引小切手については，自己の取引先または銀行に対してのみ支払うことができるとされ（小38条1項・2項），さらにこの趣旨を徹底するために，銀行は自己の取引先または他の銀行のみから線引小切手を取得し，取立委任を受けることができると規定されている（小38条3項）。これによって，不正の所持人が小切手の支払いを受けることが防止され，また，支払いを受けた者を容易に知ることができ，それにより，不正の取得者をつきとめて責任を追及することができるため，被害者の救済が可能になる。ここに線引小切手の実際的効用がある。

□2 線引の法的性質

　線引の法的性質については，支払受領資格の制限に求める見解が有力である。しかし，このようにいうと，その制限外の者には受領資格がなくなり，受領資格のない者への支払いは有効性を否定されるように解されるおそれがあるので，法定の者だけに支払う義務を支払人に負担させる意思表示と解する方が適当である（田中・手形・小切手法詳論下850頁）。

□3 　制限違反の責任

　線引小切手に関する制限規定に違反した支払い，取得，取立委任は無効となるわけではないが，違反した支払人または銀行はこのために生じた損害について，小切手の金額に達するまで賠償すべき責を負う（小38条5項）。これは小切手使用の安全のために特に設けられた責任であって，無過失責任である（通説）。

□4 　線引の効力

　(1) 　一般線引小切手　　一般線引小切手とは，二条の平行線内に何も記入しないか，または，単に「銀行」，「Bank」等の文字だけを記載したものをいう（小37条3項）。一般線引を特定線引にすることはできるが，特定線引を一般線引に変更することはできない（小37条4項）。

　支払人である銀行は一般線引小切手については，他の銀行または自己の取引先の支払呈示に対してのみ支払うことができる（小38条1項）。線引の趣旨は身許の明らかな者へ支払わせることにあるから，上記の自己の取引先の中には，同一銀行の他の店舗の取引先も含まれる。

　(2) 　特定線引小切手　　特定線引小切手とは，二条の平行線内に特定の銀行の名称を記載したものをいう（小37条3項）。特定線引の利用はまれであるが，手形交換に回される途中で持出銀行により施されることが多い。これにより支払銀行は実際の持出銀行を明確に把握でき，また，交換印もれを補いうる。

　特定線引小切手については，支払銀行は被指定銀行に対してのみ支払うことができ，また，支払銀行自身が被指定銀行である場合には，自己の取引先に対してのみ支払うことができる（小38条2項）。

　(3) 　線引の抹消　　線引の抹消を正当な権限者が行ったのか否かの紛議を避け，線引小切手の安全性を高めるため，線引または被指定銀行の名称の抹消は効力を生じない（小37条5項）。しかし，正当な権限者による抹消も認めないため，振出人が小切手用紙使用前にあらかじめ線引を施しておいた

ような場合に，線引を抹消しようとしてもできないという不便が生ずる。そこで，当座勘定規定18条は，線引小切手の裏面に振出人の届出印が押捺してある場合（これを裏判という），銀行は取引先以外の持参人に対しても支払うことができる旨を規定している。

索　引

事項索引

あ 行

悪意の抗弁　108

委託手形　155
一部裏書　84
一部支払　136
一部引受　157
一覧後定期払手形　63
一覧払手形　62
一般線引　171
印鑑照合　10

受取人白地　76
受戻し　140
受戻証券性　6
裏書禁止文句　65, 90
裏書の連続　87, 88, 98
　　──の整否　136
　　──の中断　89
裏書文句　85

か 行

外観解釈の原則　29, 58
買戻請求権　13
書替手形　139
確定日払手形　62
隠れた質入裏書　95
隠れた手形保証　150
隠れた取立委任裏書　92
河本フォーミュラ　109
簡略白地式裏書　85

機関方式の偽造　51, 52
機関方式の手形行為　31, 48
期限後裏書　91

偽造小切手　163
基本手形　59
基本的手形行為　27
記名式裏書　85
客観解釈の原則　29, 59
拒絶証書作成免除文句　66
金額白地　76
銀行取引約定書　13

契約説　34
原因関係　17
　　──に基づく抗弁　114
原因関係不法の抗弁　115
権利移転行為有因論　21, 125, 129
権利移転的効力　86
権利外観理論　36, 106
権利者資格　87
権利推定　87

交換手形　115
公示催告　144
後者の抗弁　124
公然の質入裏書　95
公然の取立委任裏書　92
合同責任　90, 140
交付欠缺の抗弁　34, 75
抗弁権　19
抗弁制限の原則　105
小切手契約　7, 158
固有の経済的利益　94, 95, 130

さ 行

再遡求　140
先日付小切手　160
指図禁止文句　65

資格授与的効力　86
資金関係　25, 26, 152
自己宛為替手形　24
自己宛小切手　161, 165
自己受為替手形　24
時効の完成猶予　142
自己指図手形　63
持参人払式　159, 162
質入裏書　95
支払委託　2, 151, 158
　──の取消し　166, 167
支払委託証券　151, 158
支払期日　61
支払拒絶証書　141
支払銀行　7, 131
支払担当者　6
支払地　63
支払呈示　132
支払呈示期間　132, 159, 162
支払人の調査義務　136
支払いの抗弁　118, 135
支払場所　63
支払保証　160, 165
支払約束　2
支払約束文句　61
支払猶予　139
　──の抗弁　139
収入印紙　9
準資金関係　26, 152
準白地手形　67
商業手形　13
除権決定　145
所有権理論　96
白地裏書　70
白地式裏書　85
白地手形　59
　──による訴え提起　78
白地振出し　70
白地補充権　69
　──の授与　71
白地補充権濫用の抗弁　68, 75
人的抗弁　105, 113
　──の個別性　119, 126, 129

──の属人性　122
人的抗弁制限の利益　130

設権証券性　6
善意取得　37, 96, 119
線引　170
　──の抹消　171
線引小切手　170

創造説　34
遡求　140
訴訟告知　144

た　行

第三者方払手形　25
第三者方払文句　65
代表権限の濫用　44
代理権限の濫用　44
担保的効力　86, 90

跳躍的遡求　140

呈示証券性　6
手形貸付　12
手形関係　17
手形金額　60
手形行為独立の原則　28, 128
手形交換　8, 133
手形交換所　8
手形抗弁　105
手形サイト　2
手形上の権利　4, 96
手形に関する権利　4, 96
手形の偽造　50
手形の変造　55
手形の抹消　55
手形法的流通方法　74
手形保証の独立性　127
手形保証の附従性　127
手形無効広告　145
手形割引　12

統一小切手用紙　8

同一性の欠缺　101
統一手形用紙　8
当座勘定取引　6
当座勘定取引契約　10
謄本　153
特定線引　171
取立委任裏書　92
取立銀行　8, 131

な 行

名板貸人　49

荷（付）為替手形　13
二重無権の抗弁　129
二段階説　35
任意的記載事項　58

は 行

発行説　34

被裏書人欄の抹消　89
引受け　152, 155
引受呈示　156
日付後定期払手形　62
必要的記載事項　58
表見支配人　48
表見代表取締役　48
表見代理　47

複本　153
付属的手形行為　27
不単純引受　157
物的抗弁　105, 113
振出地　63
振出日　63
振出日白地　72, 76

不渡り　7
不渡付箋　92

ま 行

満期白地　76, 81
満期日　61
満期前の遡求　141

無因証券性　6
無因性　18, 21, 106, 125
無益的記載事項　58
無権代理の抗弁　45
無権利の抗弁　119
無担保文句　90

戻裏書　91, 121, 138
文言証券性　6

や 行

約束手形文句　60

有因性　20
有益的記載事項　58
有害的記載事項　58
有価証券　4
有効性の抗弁　118
融通手形　115
　——の抗弁　116

要式証券性　6
預金通貨機構　8

ら 行

利息文句　64
利得償還請求権　22, 146

事項索引

判例索引

大判明44・12・25民録17輯904頁　38

大判大5・10・4民録22輯1848頁　147
東京地判大11・10・28評論11商622　89
大判大15・10・13新聞2653号7頁　135
大判大15・12・16評論28巻商法27頁　29

大判昭2・4・2民集6巻118頁　102
大判昭3・1・9民集7巻1頁　147
大判昭8・9・28新聞3620号7頁　52
大判昭8・9・28民集12巻2362頁　52
大判昭9・2・13民集13巻133頁　94

大判昭10・1・22民集14巻31頁　88
大判昭10・12・24民集14巻2105頁　38
大判昭11・6・12新聞4011号8頁　62
大判昭13・5・10民集17巻891頁　147
大判昭18・4・21新聞4844号8頁　62

最判昭27・11・25民集6巻10号1051頁　89
最判昭29・6・8民集8巻6号1029頁　89

最判昭30・9・22民集9巻10号1313頁　128
最判昭30・9・30民集9巻10号1513頁　88
最判昭31・2・7民集10巻2号27頁　94
最判昭31・4・27民集10巻4号459頁　139
最判昭31・7・20民集10巻8号1022頁　72
最判昭31・12・21裁判集民24号545頁　92
最判昭33・3・20民集12巻4号583頁　29
最判昭33・6・17民集12巻10号1532頁　46
最判昭34・6・9民集13巻6号664頁　146, 148
最判昭34・7・14民集13巻7号978頁　116
最判昭35・1・12民集14巻1号1頁　100
最判昭35・2・11民集14巻2号184頁　112
名古屋高判昭35・5・25判時230号30頁　88
最判昭35・10・25民集14巻12号2720頁　112
最判昭35・11・1判時243号29頁　72

最判昭35・12・27民集14巻14号3234頁　47
東京地判昭36・10・18手形研究51号10頁　103
最判昭36・11・24民集15巻10号2519頁　87
最判昭36・11・24民集15巻10号2536頁　75, 76, 80
最判昭36・12・12民集15巻11号2756頁　47
大阪高判昭37・2・28高民集15巻5号309頁　13
最判昭37・5・1民集16巻5号1013頁　120
最判昭37・9・7民集16巻9号1870頁　92, 120
最判昭38・1・30民集17巻1号99頁　143
最判昭38・9・5民集17巻8号909頁　44
最判昭39・11・24民集18巻9号1952頁　143

最判昭40・4・9民集19巻3号647頁　121
最判昭41・6・16民集20巻5号1046頁　76
最判昭41・6・21民集20巻5号1084頁　87, 100
最判昭41・7・1判時459号74頁　51
最判昭41・9・13民集20巻7号1359頁　32
最判昭41・10・13民集20巻8号1632頁　64, 77
最大判昭41・11・2民集20巻9号1674頁　78
最判昭41・11・2民集20巻9号1674頁　143
最判昭41・11・10民集20巻9号1756頁　75, 76
東京地判昭42・1・17判タ205号158頁　103
最判昭42・2・9判時483号60頁　50
最判昭42・3・28金判60号17頁　139
最判昭42・3・31民集21巻2号483頁　149
最判昭42・4・20民集21巻3号697頁　44
最判昭42・4・27民集21巻3号728頁　116

最判昭 42・6・6 判時 487 号 56 頁　50
最判昭 43・3・21 民集 22 巻 3 号 665 頁　147
最判昭 43・10・8 判時 540 号 75 頁　76
最判昭 43・12・12 民集 22 巻 13 号 2963 頁　30
最判昭 43・12・24 民集 22 巻 13 号 3382 頁　52
最大判昭 43・12・25 民集 22 巻 13 号 3548 頁　126
最判昭 44・2・20 民集 23 巻 2 号 427 頁　80
最判昭 44・3・4 民集 23 巻 3 号 586 頁　30, 62
最判昭 44・3・27 民集 23 巻 3 号 601 頁　94, 115
最判昭 44・4・3 民集 23 巻 4 号 737 頁　44
京都地判昭 44・5・16 判タ 238 号 181 頁　89
大阪高判昭 44・6・28 判タ 239 号 272 頁　103
京都地判昭 44・7・1 判時 590 号 85 頁　89
札幌高判昭 44・8・13 下民集 20 巻 7・8 号 580 頁　82
最判昭 44・11・14 民集 23 巻 11 号 2023 頁　44
最判昭 45・3・31 民集 24 巻 3 号 182 頁　128
最大判昭 45・6・24 民集 24 巻 6 号 712 頁　87
最判昭 45・7・16 民集 24 巻 7 号 1077 頁　130
京都地判昭 45・9・7 金法 599 号 35 頁　88
最判昭 45・11・11 民集 24 巻 12 号 1876 頁　78, 80, 143
最判昭 46・6・10 民集 25 巻 4 号 492 頁　10
千葉地判昭 46・7・19 判時 647 号 83 頁　88
最判昭 46・11・16 民集 25 巻 8 号 1173 頁　38
東京地判昭 47・1・29 判時 663 号 91 頁　89
最判昭 47・2・10 民集 26 巻 1 号 17 頁　32, 43
広島高判昭 47・5・1 下民集 23 巻 5-8 号 209 頁　76
最判昭 47・11・10 判時 689 号 103 頁　102
大阪地判昭 47・12・18 金判 345 号 19 頁　39
福岡高宮崎支判昭 48・10・3 金判 388 号 7 頁　39
最判昭 48・11・16 民集 27 巻 10 号 1391 頁　126

最判昭 49・2・28 民集 28 巻 1 号 121 頁　83
最判昭 49・6・28 民集 28 巻 5 号 655 頁　53
最判昭 49・12・24 民集 28 巻 10 号 2140 頁　56
最判昭 50・8・29 判時 739 号 97 頁　56
最判昭 52・6・20 判時 873 号 97 頁　103
最判昭 52・9・22 金判 536 号 15 頁　123
最判昭 52・10・14 民集 31 巻 6 号 825 頁　48
最判昭 52・12・9 金判 541 号 3 頁　47
最判昭 53・4・24 判時 893 号 86 頁　65
最判昭 54・9・6 民集 33 巻 5 号 630 頁　41
最判昭 55・9・5 民集 34 巻 5 号 667 頁　54
最判昭 55・10・14 金判 610 号 3 頁　78
最判昭 55・11・27 判時 986 号 107 頁　56
最判昭 55・12・18 民集 34 巻 7 号 942 頁　92
最判昭 56・2・19 金法 971 号 39 頁　38
最判昭 56・7・17 金判 630 号 15 頁　89
最判昭 56・10・1 金判 637 号 3 頁　65
最判昭 57・3・30 民集 36 巻 3 号 501 頁　78
最判昭 57・4・1 金判 649 号 3 頁　143
最判昭 57・7・15 民集 36 巻 6 号 1113 頁　142, 144
最判昭 57・7・20 金判 656 号 3 頁　126
最判昭 57・9・30 金判 658 号 9 頁　92
最判昭 58・3・31 金判 670 号 3 頁　64, 76
最判昭 58・4・7 民集 37 巻 3 号 219 頁　32
最判昭 61・7・18 民集 40 巻 5 号 977 頁　89
最判昭 61・11・7 金判 759 号 17 頁　64, 77
大阪地判平元・11・30 判時 1363 号 147 頁　82
東京地判平 7・6・27 判タ 918 号 237 頁　103
最判平 7・7・14 判時 1550 号 120 頁　111
最判平 9・2・27 民集 51 巻 2 号 686 頁　62
東京地判平 11・5・27 判タ 1017 号 222 頁　103
東京地判平 11・5・28 判タ 1017 号 219 頁　103
最判平 13・1・25 民集 55 巻 1 号 1 頁　145

著者紹介

　　　　川村　正幸（かわむら　まさゆき）

1945 年　静岡県に生まれる
1969 年　一橋大学法学部卒業
現　在　一橋大学名誉教授　法学博士
主要著書
『考える手形・小切手法』（共編著，弘文堂，1981 年）
『基礎理論 手形小切手法』（法研出版，1990 年）
『手形抗弁の基礎理論』（弘文堂，1994 年）
『金融商品取引法（第 5 版）』（編著，中央経済社，2014 年）
『詳説 会社法』（共著，中央経済社，2016 年）
『金融商品取引法の基礎』（共著，中央経済社，2018 年）
『手形・小切手法（第 4 版）』（新世社，2018 年）
『コア・テキスト 商法総則・商行為法』（共著，新世社，2019 年）
『コア・テキスト 会社法』（共著，新世社，2020 年）
『コア・テキスト 企業法入門』（共著，新世社，2022 年）
『コア・ゼミナール 会社法』（共編著，新世社，2023 年）

ライブラリ 商法コア・テキスト-2

コア・テキスト 手形・小切手法

2018 年 11 月 10 日Ⓒ	初 版 発 行
2024 年 4 月 10 日	初版第 2 刷発行

著 者 川村正幸

発行者 森平敏孝
印刷者 篠倉奈緒美
製本者 小西惠介

【発行】 株式会社 新世社

〒151-0051 東京都渋谷区千駄ヶ谷 1 丁目 3 番 25 号
編 集 ☎(03)5474-8818 ㈹ サイエンスビル

【発売】 株式会社 サイエンス社

〒151-0051 東京都渋谷区千駄ヶ谷 1 丁目 3 番 25 号
営 業 ☎(03)5474-8500 ㈹ 振替 00170-7-2387
FAX ☎(03)5474-8900

印刷 ディグ 製本 ブックアート
《検印省略》

本書の内容を無断で複写複製することは，著作者および出版者の権利を侵害することがありますので，その場合にはあらかじめ小社あて許諾をお求め下さい。

サイエンス社・新世社のホームページのご案内
http://www.saiensu.co.jp
ご意見・ご要望は
shin@saiensu.co.jp まで．

ISBN978-4-88384-285-8

PRINTED IN JAPAN

新法学ライブラリ 15

手形・小切手法
第4版

川村正幸 著
A5判／360頁／本体2,980円（税抜き）

手形・小切手法の理論を精緻に説き明かした，定評ある基本書の最新版。2017年の民法（債権関係）改正と，それに伴った整備法による商事法関連の規定改正に対応し，今日の状況に合わせた大幅な改訂を行った。

【主要目次】
序論（手形・小切手法制度の意義／手形・小切手と実質関係／手形行為），約束手形（約束手形の振出し／約束手形の流通／手形抗弁の制限／約束手形の保証／約束手形の取立てと支払い／手形上の権利の消滅／利得償還請求権），為替手形・小切手（為替手形／小切手）

発行　新世社　　　発売　サイエンス社